외국인과 1시간 수다떨기 편
거침없이 영어로 말해봐

외국인과 1시간 수다떨기 편

거침없이 영어로 말해봐

초판 1쇄 인쇄 2016년 12월 27일
초판 1쇄 발행 2017년 1월 6일
초판 2쇄 발행 2017년 11월 7일

지은이	심진섭
발행인	임충배
편집	양경자
디자인	최종미
홍보/마케팅	김요한, 양경자
펴낸곳	도서출판 삼육오 (PUB.365)
제작	(주)피앤엠123

출판신고 2014년 4월 3일
등록번호 제406-2014-000035호

경기도 파주시 산남로 183-25
TEL 031-946-3196 / FAX 031-946-3171
홈페이지 www.pub365.co.kr

ISBN 979-11-86533-56-7 13740
ⓒ PUB.365 & 심진섭 2017

· 저자와 출판사의 허락 없이 내용 일부를 인용하거나 발췌하는 것을 금합니다.
· 저자와의 협의에 의하여 인지는 붙이지 않습니다.
· 가격은 뒤표지에 있습니다.
· 잘못 만들어진 책은 구입처에서 바꾸어 드립니다.
· 본 도서는 [웃지만 말고 영어로 말해봐]의 개정 증보판입니다.

이 도서의 국립중앙도서관 출판예정도서목록(CIP)은 서지정보유통지원시스템 홈페이지(http://seoji.nl.go.kr)와 국가자료공동목록시스템(http://www.nl.go.kr/kolisnet)에서 이용하실 수 있습니다. (CIP제어번호: CIP2016030626)

Pub.365

거침없이 영어로 말해봐

외국인과 사진 수다떨기 편

심진섭

PREFACE

이 책을 결국 사고 만 독자여러분! 안녕하세요? 저자 심진섭입니다. 영어 이름은 Tom Shim이구요. 학원가에서는 탐 샘이라고 주로 불리는데, 어느 당돌한 중딩놈이 윈도우즈 탐색기에서 따온 "탐xx"라는, 제 마음에 비수를 꽂고 만 닉네임을 준 기억이… 이름을 바꿀까 봐요.

많은 사람들에게 영어는 참 어렵습니다. 귀도 뚫어야 하고, 입에서도 뭔가가 술술 나와야 하며, 문장도 빨리 해석했으면 하고, 이런 된장맞을 작문은 사전이 손에 없으면 당최 "안녕하슈"부터 생각이 안 나니…

그런데 사실, 우리 주위에는 영어 잘하는 사람이 꽤 있긴 합니다. 그 사람들은 얄밉게도 하나같이 '영어 그리 어려운 거 아녜요.'라며 자신의 경험담을 주절주절 소개하는데요. 우리에게는 매우 애석하고 짜증나게도 그 사람 말들은 죄다 사실입니다. 제 손을 거쳐간 몇 분의 사례담을 들어보죠.

> **중소 IT기기 제조업체 영업부 K부장**
> 외웠죠. 죽어라고요. 어려운 문법이 가미된 긴 문장 하나보다 쉬운 문장 여러 개를 연결해서 이야기하면 훨씬 빠르고 유창하게 들려요. 저 솔직히 문법 많이 모릅니다만, 그래도 막힘 없이 이야기가 되는 것은 입에서 빨리 나올 수 있는 문장이 많아서일 겁니다. 긴 시간 공부할 필요도 없었습니다.

분당 M 한의원 M원장

탐에게서 배운 거는 외국 사람과 이야기를 하더라도 대화 주도권을 빼앗기지 말라는 거예요. 그러기 위해서는 제가 주로 영어 대화에 18번으로 사용하는 소재를 항시 몇 개씩 준비하고 있어야하고, 대화를 이끌 질문들을 입에 달고 있어야했습니다. 요즘도 미국 세미나에 가서 효과를 많이 보고 있지요.

S사 수원공장 생산기술부 H대리

알아듣지도 못하는데 어떻게 말을 하냐는 의구심이 들었지만, 탐 샘이 옳았어요. 미국 아이들과 기술 연수할때마다 느끼는 건데, 못 알아듣는 우리만큼 설명하는 자네들도 답답하겠죠. Please slow down. Can you write and draw? 라는 용감한 말로 회의 분위기를 전환시킨 제가 그 날의 주인공이 되었죠.

가정주부 K씨

남편이 바이어들을 집으로 데려오는데요. 그런 날엔 꿔다놓은 보릿자루처럼 멍청히 앉아있다가 어쩌다 헤 웃는 제 자신이 얼마나 싫던지. 몇 달 간 '언제 왔냐', '한국 어떠냐', '집에 애들은 몇 명이냐'… 쉽지만 언제나, 누구에게나 쓸 수 있는 표현 100개 정도를 배워서 항상 준비하고 있었어요. 이젠 남편도 무시 못하죠, 호호.

몇 년간 영어학원을 하다 보니 실로 많은 사람을 접하게 되더군요. 영어로 이룰 목표가 각양각색이더라구요. 다음 달 토익시험 점수 800으로 취직해야 한다(지금 400점이래요. 글쎄), 단기 족집게로 학교 시험 점수 올려달라(이런 공부 가르치기 제일 싫어!), CNN 뉴스를 내일 당장 듣게 해줘요(귀를 면봉으로 잘 후비세요) 등등. 싫건 좋건 어떤 요구사항이건 만족시켜 까무러트려야 하는 영어 선생이라는 위치에서, 그래도 가장 흐뭇하고 보람 있는 분야가 바로 '영어 수다쟁이 만들기 수업' 이었죠. 그 수업을 바탕으로 만든 것이 바로 이 책이구요.

　이 책은 단순히 상황 문장을 나열한 기존의 일반 영어회화 책과는 다릅니다. 제가 여러분 한 분 한 분의 바로 옆에서 입 트임을 돕고 있다는 심정으로, 재미있고 세세한 설명과 더불어 써내려간 강의 지침서이며, 단원 분리형 교재가 아닌 처음부터 끝까지 누적 진도분 관리를 해 내려가며 잊고 넘어가는 중요 부분이 절대 없도록 하겠습니다. 단숨에 읽히지만 반드시 다시 보게 만드는 영어책이 되게 할 것이며, 잘만 따라오신다면 (약속!) 약 2주 만에 영어로 60분 이상 외국인과의 대화가 즐겁도록 만들어 드리지요.

책으로 뵙게 되니 더 많은 분들을 만나게 되는 것을, 왜 내 머리큐는 100 근처밖에 안 되는 수준인지. 투머치 술 때문일까요? 아무튼 잘 부탁합니다. 다시 한번, 만나 뵙게 되어서 반갑고요. 시작하기 전에 밖에 나가 심호흡 한번 하시고 오시지요.

2017년 Tom Shim

이 책을 먼저 경험하신 분들은 이렇게 느끼셨습니다!

늘 입이 안 뚫려 걱정이던 차에 접하게 된 "거침없이 영어로 말해봐." 반신반의로 읽기 시작한 저는 의심이 확신으로 바뀌어 있었습니다. 우와~ 나도 이제 몇 분 이상 영어로 주절거릴 수 있다니!! 심진섭 선생님! 감사합니다요~~

TYM 중앙기술연구소 바이오연구실장 박주현

영어는 우리가 살아가는 사회에서 없어서는 안될 중요한 언어가 되어가고 있다. 하지만 중고등학교에서 암기식으로 배워온 영어는 딱딱하고 무거운 존재였다. 그런데 본 "거침없이 영어로 말해봐"로 인해 영어에 대한 생각의 전환을 갖게 되었다. 길에서 만난 외국인들에게 먼저 다가가 이야기를 나누고 웃고 떠들고 있는 내 모습을 보면 '사람이 이렇게 바뀔 수도 있구나' 싶기도 했다. 영어, 두려움을 버리고 다가가면 내 것이 될 수 있다.

서울 연신초등학교 교사 서배진

학교 다닐 때 영어와는 담 쌓고 살았습니다. 살면서 나에게 영어가 무슨 필요가 있을까 생각했었지요. 그런데 그 영어가 조그맣게 시작했던 사업이 커지면서 시작된 해외업체와의 거래 때문에 저에게 절실한 것이 되버리고 말았습니다. 영어 때문에 저는 답답하고 창피한 적이 한 두 번이 아니었습니다. 그러던 차에 접하게 된 이 책은 저에게 새로운 세상을 열어주었습니다. ABC 밖에 몰랐던 제가 해외 바이어들과 업무얘기를 직접하고 식사도 같이 하면서 웃고 떠들게 되었다는 게 너무나 신기하기만 합니다.

화인산업 대표 류준식

대입 준비하면서 했던 영어공부가 전부였고, 영어로는 대화를 해본 적이 한 번도 없던 저는 좀더 일찍 이 책을 만나지 못한 것이 너무나 안타깝습니다. 학창시절에 이 책을 만났더라면 내 인생에 훨씬 더 많은 기회가 있었을 것 같다는 생각이 들었기 때문입니다. 영어가 이처럼 재미있다는 것을 이제서야 알게 되었다니… 지금은 길 가다가도 외국인에게 내가 먼저 말을 걸고 싶어집니다. 이거 도대체 무슨 일일까요?
대일플라테크 과장 신근대

회사가 미국회사고, 하는 일이 본사와 주고 받는 게 많다 보니 항상 영어에 대한 아쉬움이 컸습니다. 그러던 차에 만나게 된 "거침없이 영어로 말해봐" 이 책을 통해 영어를 즐겁고 유쾌하게 공부했고, 영어 말하기에도 자신감이 생겼습니다. 회사에서 나를 인정받게 해 준 "으지만 말고 영어로 말해" 정말 감사합니다!
한국TRW CIS팀장 정준영

'영어는 문화다' 잘 알려진 이 말이 실제 교육에서 적용되기 쉽진 않다. 심진섭 선생님은 '문화가 깃든 영어'를 가르친다. 오랜 외국생활을 통해 몸에 밴 '글로벌 문화'와 뛰어난 유머감각은 영어를 단순히 익히는 수준을 넘어 '이해'하도록 돕는다. 특히 외국생활과 외국회사 경력에서 직접 경험한 대화들을 통해 상황이 맞는 표현을 스스로 찾게 한다. 영어로 소통하고 생각하고 싶다면 꼭 권하고 싶은 교재다.
동아일보 경제부 이종식 기자

차례

영어로 한 시간 수다떨기 1. 맛보기편

맛보기 ❶ 갑작스런 인사에 답하기 **17**
맛보기 ❷ 길 찾는 외국인 도와주기 **26**
맛보기 ❸ 알아듣기 어려운 말에 되묻기 **33**
맛보기 ❹ 회사로 찾아온 외국인 도와주기 **40**
맛보기 ❺ 식당에서 먹고싶은 메뉴 골라먹기 **47**
맛보기 ❻ 화제 바꾸기 / 대화 마무리하기 **61**
맛보기 ❼ 원어민처럼 발음하기 **66**

영어로 한 시간 수다떨기 2. 본편

수다 소재 ❶ 이름에 관해 묻고 답하기 **81**
수다 소재 ❷ 영어에 관해 묻고 답하기 **86**
수다 소재 ❸ 직업에 관해 묻고 답하기 **91**
수다 소재 ❹ 가족에 관해 묻고 답하기 **99**
수다 소재 ❺ 고향에 관해 묻고 답하기 **107**
수다 소재 ❻ 날씨에 관해 묻고 답하기 **115**
수다 소재 ❼ 뉴스에 관해 묻고 답하기 **121**
수다 소재 ❽ 관광에 관해 묻고 답하기 **128**
수다 소재 ❾ 음식에 관해 묻고 답하기 **136**
수다 소재 ❿ 취미에 관해 묻고 답하기 **144**
수다 소재 ⓫ 건강에 관해 묻고 답하기 **153**
수다 소재 ⓬ 종교에 관해 묻고 답하기 **162**
수다 소재 ⓭ 정치·경제에 관해 묻고 답하기 **171**
수다 소재 ⓮ 가정·문화에 관해 묻고 답하기 **182**
수다 소재 ⓯ 인생에 관해 묻고 답하기 **191**

영어로 한 시간 수다떨기 3. 실전편

Scene 01 **이름, 직업** I have an English name too. **205**
Scene 02 **영어, 가족** How long have you been married? **207**
Scene 03 **고향** I always miss my hometown and old friends. **209**
Scene 04 **날씨, 관광** What is your favorite season? **211**
Scene 05 **음식** Some Korean foods are hot and spicy. **213**
Scene 06 **취미** Who are your favorite actors? **215**
Scene 07 **건강** I am on a diet and watching my weight. **217**
Scene 08 **종교** What do you think of foreign religion? **218**
Scene 09 **정치·경제** The U.S. government has big power but it's sometimes misused. **219**
Scene 10 **뉴스** What interests you most in the news? **221**
Scene 11 **가정·문화, 인생** Parents and schools were very strict. **222**
Scene 12 **마무리** Oh, it's time to go. **224**

부록
1시간 동안 외국인과 영어로 수다떨기 패턴훈련

영어로 한시간 수다떨기

1. 맛보기 편

영어를 하는 자리에
참석한다는 것은
스트레스
그 자체입니다.

갑자기 말문이 턱 하니 막히고, 복잡하기만 하던 머리 속이 이제는 새하얘지고, 가슴이 두근두근 합이 네 근이 되며, 옆 이마에 흐르는 진땀을 보며 동료들이 키득거릴 것 같은, 그 죽을 때까지 잊어버리려 용을 쓰고 굿을 해도 지워지지 않는 그 기억 그 장면 그 순간. 한국의 직장인 남녀 중 80~90%가 외국인 앞에서 이런 경험을 가지고 있다는, 재차 확인할 수 없는 이야기를 어디에선가 들은 것 같기도 한데…

거리에서나 교실 등에서 외국인들과 영어로 대화를 나누고 있는 사람들 중 많은 이들의 얼굴에 미소가 만연한 모습들을 볼 수 있습니다. 물론, 즐거운 대화 분위기를 엮어가고 있는 중이라 그렇다면 더할 나위 없이 다행스러운 일이지만, 분명 그들 중에는 영어가 딸려 쩔쩔매다 못해 본의 아니게 '스마일 보이', '스마일 걸'이 되어버린 비극의 주인공들이 존재한다는 것이지요.

여러분, 준비하십시다. PART I에서는 '한 시간 수다떨기' 본편에 들어가기에 앞서 7가지 맛보기 과제를 드릴 것입니다. 워밍업으로 가볍게 몸을 풀고, 수다떨기에 돌입해 보자구요. 다음에 나오는 7가지 과제만 끝내도 영어 대화의 위급 상황, 모두 다 대비할 수 있을 겁니다.

갑작스런 인사에 답하기

어느 TV 개그 프로그램이었던가요? 캐나다인지 어딘지 외국 유학 경험이 있었던 연예인이었다고 사료됩니다만. 그 사람 왈, "한국 사람들은 How are you?라는 외국인의 인사에 하나같이 Fine. Thank you. And you?라는 중학교 1학년 교과서 문장으로 대답해서 말이죠. 멀리서 들어도 저 사람이 한국 사람인 걸 알게 되죠." 저는 그 말에 좀 의아해지더군요. 이유인 즉슨 이렇습니다.

미국을 비롯하여 영어를 쓰는 나라에서는, 첫인사로 쓰이는 How are you?의 의미가 그리 크지 않습니다. 그냥 뭐 "잘 지내?"라는 뜻인데요. 우리나라에선 어떤가요? 누군가가 "잘 지내니?"라 묻는다면 "네." "저야 뭐." "그럼요." 정도의 대답이면 고맙고, 심지어는 아무 대답을 안 하고 대화 본론으로 넘어간다 해서 경찰에 신고하진 않지요.^^ 그런데 말입니다.

영어에서는 얘기가 좀 다릅니다.

제가 제 인생의 절반이 넘는 세월을 외국인들과 지내오면서, How are you?에 대한 대답을 회피하거나 그냥 넘어가는 사람을 단 한 명도 보지 못했다고 하면 믿으시겠습니까? (네? 귀가 안 들리는 사람도 있었을 거라고요? 책 덮으시죠.) 미국인들이 첫인사에 공을 들이는 이유로 '서부시대 이래 총 맞기 싫어 친절하게 되었다' 내지는 '원래 그들 생활이 적적하고 심심해 남들에게 잘한다' 등 확인 불가능한 루머를 여러분께 주입시키지는 않겠습니다.

그런데 여러분. 42.195km 길도 한 걸음부터라는 말처럼 How are you?에 대한 대답이 그 미국 사람들과의 인간 관계의 첫 단추라는 말 명심하시기 바랍니다. 그리고 그 질문에 적극적으로 대답하십시오. 그러나 위 언급했던 연예인의 말은 별로 알맞아 보이지는 않습니다. 미국 사람들 입장에서 보면, "쪼아! (물어봐줘서) 고마워요. 댁은요?"라고 아주 명랑쾌활 모드로 대답해주는 한국 사람이 왜 이상해 보이겠어요? 지네들이 Fine. Thank you. And you?가 우리 교과서에 나와 있는지 알 거야 뭐야? 안 그래요?

우리나라 사람들이 How are you?에 대한 대답을 더듬거리며 잘 못해내는 가장 큰 이유가 '아 글쎄, 그 사람이 너무 급작스럽게 물어봐서'가 제일 많습니다. 이 경우, How are you?라는 예기치 않은 질문에 너무 깜짝 놀란 나머지 How are you?로 답을 하는 증상(!)을 많이 보이는데요, 이런 상황을 굳이 해석하자면, "어떻게 지내?"라는 질문에 "너는 어떤데?"라고 대답하는 것인데, 요거요거 별로 사이 안 좋은 사람들의 대화 같지 않나요?

How are you?를 비롯한 첫인사의 중요성에 대한 강조는 아무리 반복해도 지나치지 않습니다. 신속하고 정확한 대답, 지금부터 여러분들 입에 꽉 달라붙게 연습해 보죠. 먼저 미국인들이 내던지는 how로 시작되는 첫인사들을 알아봅니다. 읽어보시고 반드시 큰 소리로 연습하셔야 합니다. 원 당최 직접 확인할 길이 없어서리.

How are you?

다 잘 아시는 질문일 테죠? 어떤 이들은 are 부분을 크게, 다른 이들은 you 쪽을 큰 소리로 내는데, 질문에 처한 상황마다 다르지만 아무렴 어때요? 우리의 당면 과제는 무엇? 빠르고 정확한 대답. 그거죠?

How are you doing?

이 문장, 영화 같은 데서 보면 제일 많이 쏟아지는 인사죠. 그런데 발음이 우리 토종 발음과 조금 다르다고 느끼셨다면 여러분의 영어 센스 90점 이상 인정! 미국·영국 사람들은 doing을 [두잉]이라고 발음하지 않고 [두윈] 혹은 [두은]이라 소리를 내서 안 그래도 헷갈리는 우리 외국인들에게 심난함을 선사해주곤 하는데요. ing 발음이 한글의 'ㅇ'소리가 아니라는 것을 기억하십시다. 심지어는 [하이두은]이라 물어보는, 듣는 외국인 전혀 고려하지 않는 파렴치한들이 있어도 너무 놀라지 마세요. 그냥 how로 시작한 인사일 뿐이에용!

How have you been?

우리가 즉시 대답 못해내는 인사 중 하나입니다. 현재완료 문장이라는 생각도 머리에서 오락가락, 우리가 배운 [하우해브유빈]하고 또 왜 이렇게 다르게들 얘기하는지, 생각 많이 하다 버스는 지나갑니다. 빠르게 대처합시다. [하우브유비인]은 어려운 말이 아니라, 단순히 how로 시작된 인사 중 하나일 뿐입니다.

How is it going?

주어가 you가 아닌 it! '그거 잘 돌아가니?' '일 잘 풀려?' 뭐 이런 식의 상대와 친한 척 하기 좋아하는 자칭 사교성 넘치는 사람들이 즐겨 쓰는 인사인데요. 우리가 이 말을 사용할 때 가장 중요한 발음상 주의점이 있습니다. [z] 발음 말이죠. 미국의 한 동물원 근처까지 다 와서 왠지 영어 한 마디가 땡겨 Where is the zoo?[웨얼이즈더주우?]라고 동물원 경비에게 약 열 번 넘게 외치다가, 끝까지 못 알아 듣던 그를 뒤로한 채 붉어진 얼굴을 감싸쥐고 도망간 그 사건이 생각납니다. 여러분, [z]의 발음은 한글의 [ㅈ]과 현격히 다른 소리가 나야 합니다. 차라리 [s], [스]의 소리가 훨씬 가깝다고 봐야죠. Where is the zoo?를 [웨얼이스더스우우]라 했다면 그 경비, 무지하게 친절히도 자세히 가르쳐줬을 텐데요. 자신의 [z] 발음이 안 먹힌다면, zoo는 [수우], zebra는 [시블와], Zoro는 [소로]라 발음하면 미국인들이 훨씬 이해를 잘 할 겁니다. How is it going?은 [하우이즈잇고잉]이 아니라 [하우싯고읜]이구요.

How is/was your ---?

상대의 안부와 편의에 대해 묻기를 좋아하는 미국·영국인들을 만날 때마다, 주말은 어땠니? 니네 와이프는 어떠니? 부모는? 일은? 강아지는? 여행은? 휴가는? … 에휴, 귀찮아 귀찮아. 그래도 내 걱정해주는 인사말들인데, Why do you ask me so many questions? 같은 인간 관계 즉시 절단형의 반응을 보일 수는 없겠죠. 이것 역시 how로 시작되는 인사에 불과하다는 점, 그리고 역시 [z] 발음의 장벽을 극복하는 [하우스욜 …?] [하워스열 …?]의 본토식 발음으로 혀를 굴려봅시닷!

여러분, how로 시작되는 인사말에 대한 설명이 다 끝났어요. 열쇠는, 처음 만나거나 오랜만에 보는 외국 사람들의 거의 100%의 첫인사가 how로 시작하지 않는 경우가 없으므로 (만약 그러지 않는 사람들이 있다면 세계영어회화 바로잡기협회에 같은 곳 찾아다가 신고하심이…) 마음의 준비, 아시죠? 질문되는 인사말의 의미를 파악하려 애쓰지 말고, 요거요거 how로 시작되었군, 하고 빨리 구분해 내는 그 센스, 그 순발력 이게 바로 실력입니다. '그렇담 도대체 어떻게 빠른 대답을 할 수 있단 말이오?' 물어보실 줄 알았어요. 정답은, '이틀만 연습하시면 됩니다'입니다. 아래와 같은 몇 가지 단계만 따라오시면 아주 쉽게 잡을 수 있죠.

1단계 자신이 죽을 때까지 써먹을 예정인 18번 대답을 만듭니다. '좋아요'에 해당되는, 자신의 성격에 맞는 형용사를 하나 골라잡으시는데, '뭐 인생 특별할 거 있느냐' 같은 철학을 가지신 평범 지향형이신 분들은 good, fine, not bad, very good에서 하나 강추! 저처럼 튀기 좋아하시는 분들은요, **Great!**, **Excellent!**, **Wonderful!**, **Super!**, **Can't be better!** 등과 같은 미량의 오버가 곁들여진 개그맨 노홍철님 버전의 반응에서 하나 잡으시고. 그런데 약속할 게 두 가지 있어요. 첫째, 대답 시엔 언제나 웃음과 미소 가득한 반응을 보일 것. 웃는 자에게 복이 있고 그의 얼굴에 침을 뱉을 수 있는 자들은 잔인무도 강심장이다라는 옛말도 있잖습니까? 처음 듣는다고요? 어허흠. 둘째, 아무리 몸 컨디션이 좋지 않고 기분이 꽝일지라도 **too bad**, **terrible** 등의 부정적인 대답은 자제하실 것. 좋은 인상 심자는 도덕 선생 같은 말이 절대 아니라, 이런 경우 "무슨 일 있냐?", "어째 안색이 안 좋아 보인다.", "어디 불편하냐?"와 같은 다음 질문이 봇물 터지듯 쏟아질 게 뻔하기 때문입니다. 상대는 영어의 달인들인 미국 사람들 아니겠습니까?

2단계 대답이 아직 안 끝났죠? 자신이 '좋아!'라는 말만 하고 대화를 두절시키는 이기적인 사람이 되기보다 (속으로는 별 관심 없을지언정) 상대의 안부를 걱정하는 착하디 착한 배려맨이 되자 그 말씀입니다. 먼저, '고맙다'는 말을 덧붙이시고요(**Thank you**나 **Thanks** 중 하나면 되겠죠). 그 다음 가장 중요한 것은 상대방의 상태를 반드시 물어봐달라는 것이죠. **How about yourself? How about you? And you?** 혹은 그냥 **You?**라고 되물어도 좋고요. 제발 받기만 하지 말고 주기도 하면서 살아가주세요. 상대방은 이 말 나올 때까지 마냥 기다리고 있다는 사실. 아셨죠? 꼭 기억하세요.

How로 시작되는 질문에 대한 자신 고유의 18번 대답을 만들었나요? 예) **Good. Thanks. How about yourself?** 우리 죽을 때까지, 무덤까지 가지고 갈 그 대답. 언제 어느 때고 미국인들이 심지어는 뒤에서 예고 없이 나타나 난데없는 백어택을 가하는 절체절명의 순간이라도 빠르고 명쾌한 대답이 나올 수 있게 하기 위한! 자, 이렇게 연습하시렵니까?

남편, 아내, 회사 동료, 친구, 자식, 부모를 망라하여 누군가를 포섭합니다. 아! 물론 파트너 되시는 분이 돈을 요구할 수도 있는 일이겠죠. 드리세요. 영어 되는 일인데 투자 아끼지 말고요. 부탁을 합니다. "하루에 열 번만 How are you?를 물어줘." 앞에서건, 뒤에서건. 화장실에서 힘주고 있을 때나 아침에 일어나자마자와 같은 때에 불시기습을 요청합니다. 이틀 후 여러분은 How are you?에 대한 대답에 관한 한 인간문화재가 되어있을 거라는 사실. 확신하거든요.

아래에 좀더 다양한 영어 인사말들에 대한 대답을 보강하기로 합니다.

영어 인사 중에는 인사말 그대로를 따라해야 하는 것들이 많습니다. 쉬운 영어들인데요. 그 종류는 아래와 같죠.

Good morning. Good afternoon. Good evening. 과 같은 Good-series.

Hi. Hello. Bye. Nice to meet you. 와 같은 쉬운 인사들.

아, *How do you do?* 가 있는데요. 첫만남에서 가끔 쓰이는 인사인데, 조심할 점!!! How로 시작하는 문장이긴 하지만, 절대적으로다가 *Fine. Thanks.* 가 대답이 아니라는 말씀. "처음 뵙겠습니다." 하는데 "좋아요, 고맙다니까요." 라고 대답하는 생뚱맞은 대화가 될 테니까요. 따라 하는 인사는 비교적 쉽죠? 그냥 앵무새처럼만 하면 됩니다.

마지막으로 What으로 시작하는 인사들이 있습니다만. 왠지 힘 좋게 생긴 미국 아저씨들이 어깨를 툭 치며 기름진 미소를 띠고 "뭐해?" "무슨 일 있어?"라고 묻는 질문일 듯 하죠. What's up? What's going on? What's new? What's happening? What are you doing here? What's the matter? What's the problem?이 이 인사들이죠. 이 질문의 의미를 빨리 파악하는 건 그리 어렵지 않지만 대답을 해내기가 여간 곤란스러운 게 아닙니다. 지금 혹은 지금껏 무신 일이 일어났는지 설명하기란, 요거요거 상당한 영어 실력이 필요한 거잖겠습니까? 그렇담, 친절한 제가 만병통치스런 답을 하나 가르쳐 드릴게요.

Nothing much! 또는 Nothing special!

"뭐 별일 없단(아니란)다 (아가야)."

대단하지 않습니까 여러분? 단 두 단어로 이 위기 상황을 벗어나는 센스. 항상 준비하는 사람만이 망신살의 수렁에서 벗어날 수 있음! 아시죠?

인사할 때 꺼내보는
보기노트 1

- **Good. / Fine. / Not bad. / Very good.**
  좋아요.

- **Great! / Excellent! / Wonderful! / Super! / Can't be better!**
  아주 좋아요!

- **How about yourself? / How about you? / And you?**
  당신은 어때요?

- **How do you do?**
  처음 뵙겠습니다.

- **Nothing much! / Nothing special!**
  별 일 없어요!

길 묻는 외국인 도와주기

서울 도심 한복판에서 지도를 들고 행선지를 찾는 미국인 여행객으로 사료되는 한 젊은이가 두리번거리는 모습을 상상해 봅시다. 마주치는 사람들의 인파가 마치 모세 형님이 갈라놓은 홍해 바다처럼 가르마가 타지듯 그 사람을 비켜갑니다. 그 사람, 용케 한 한국인을 잡고서는 묻죠. Do you know how to get to the Kyobo book store in Kangnam? 돌아오는 대답은 대개 이렇습니다.

"…… (시계를 한번 쳐다보고 문득 바쁜 일이 생각난 듯 뛴다)"

"(옆 친구에게) 얘 머래는겨? 너 영어 잘해? 키득키득키득"

"(겁주듯 인상쓰며) 몰라, 아돈노. 노잉글리시!"

"왓? 교보? 강남? 오예. 음… 음… 데어… 음… (30초 경과후 30분 거리를 걸어가겠다는 의지를 보이면서) 팔로미 팔로미."

한국에 오래 거주한 외국인들이야, 한국 사람들 가끔 인상 쓰고 큰소리도 치기 좋아하지만 속으로는 정 많고 친절하고 좋은 민족이라는 걸 잘 알고 있지요. 그러나 저 여행객 젊은이처럼 이곳이 생소한 사람이라면 별로 바람직한 경우가 아니라는 것만은 확실합니다. God, what's wrong with these people? Am I a monster or something? 하면서 우리를 집단적으로다가 오해하기 좋은 분위기. 이 상황 종료시킬 슈퍼우먼/맨이 필요하다면, 여러분이 바로 그 사람이 되십시오.

외국인이 길을 묻는 경우.

❶ 일단 다가가십시오. 웃으면서. 인사합니다. Hi! 쉽죠? 착수가 반.

❷ 묻습니다. "너 여기 초짜지?"류의 질문. First time here? Are you lost? Trouble? Looking for something? 중에 고르심 되는데 잠깐 잔소리 좀 곁들이고 가겠습니다. 한국 사람 영어 회화의 큰 문제 중 하나가 너무 완벽한, 문법적으로 100점짜리 문장들을 고다 추구하는 경향이 있다는 거죠. 국회의사당에서 사람들 모아놓고 정치문제 스피취하는 일이 아니라면, 우리 영어의 성공 열쇠는 분명 짧아도 빠르고 순발력 있는 대응이나 질문이 가장 필요한 거죠. Are you in trouble, sir? May I help you?가 물론 가장 정중하고 완벽한 질문인 건 사실이지만, 여러분, 웃으면서 다가서서 Trouble?이라는 한 단어의 질문도 쩔쩔매는 그에게 큰 위안을 준다는 점. 기억할 것. 문장 길이가 우리 체면을 좌지우지하지는 않는닷! 아셨죠? 발음 좀 짚겠습니다.

Are you lost?

잘 아시듯이 우리나라 사람에게 l과 r 발음을 구별할 수 있는 능력은 한참 동안의 피나는 연습 후 가능해집니다. '물'이라는 발음을 하며 잠깐 느껴보세요. 혀끝이 입천장에 붙어있는 걸 아시겠죠? 이 발음이 한글 고유의 것이라서 l, r의 소리 내기에 난관을 초래하고 있는 거죠. l은 발음하기 전에 반드시 '을'이라는 소리를 내주셔야 하고, r은 입술을 에로배우처럼 모아 혀가 천장에 절대 닿지 않도록 노력해야 합니다. 이후에 더 자세히 설명하겠지만, Are you lost?를 [알유을로스트?]라 하지 않고 [알유우로스트?]로 할 경우, Are you roast?로 돌변, "당신 숯불구이야?"로 들려 어리둥절 모드로 돌입된다는 겁니다.

Trouble?

마찬가지로 어려운 발음. 항간의 피부관리 업계에서 많이 쓰는 '트러블'의 한국식 발음이 미국인들에게 먹히는 경우가 거의 없다면 믿으시겠어요? 약간의 의심이 되더라도 -le로 끝나는 단어의 발음들은 차라리 [-보오]라고 발음하며 혀가 꺾이거나 뒤로 말리는 것을 막아야 합니다. apple은 [애뽀오], simple은 [씸포오], sample은 [쌤포오] 그리고 trouble 역시 [추라보오]라 하심이 옳은 줄 아룁니다. 신기하게도 미국인들은 이 발음들에 반응하죠.

잔소리가 길었습니다. 다시 본론으로 들어가서 길 잃은 그 가련한 미국 여행객을 구하러 갈까요? 어디까지 했더라?

웃는다. Hi! Trouble? 아 쉽다.

그가 뭘 찾아 헤매그 있는지 대충 파악이 되셨다면 방향을 가르쳐 줍니다. 다음 여섯 문장만 있으면 모든 게 해결된다는 사실.

- **Do you see the --- there?**
  저기 저 --- 보이죠?
  see의 발음은 [시]가 아닌 [씨]라 하는 강한 발음이 되어야 합니다.

- **Go straight there.**
  거기까지 똑바로 가슈.
  straight : 스뚜뤠잇. 사회가 각박해지면 언어에 'ㄲ', 'ㄸ', 'ㅃ'과 같은 경음화 현상이 활기를 친다고 한 사회언어 학자들의 멘트가 생각나는데, 실제로 봐도 요즘 미국에서 student을 [스따우든트], skirt를 [스껄트], strike를 [스뚜롸잌]이라고 발음하드만요.

- **Turn left there. Turn right there.**
  오른쪽/왼쪽으로 방향 트시고요.
  l과 r 발음의 구분을 확실히! [을렢트], [우롸일]이 되어야 한다는 것, 이제 이해하시죠? POLO가 [포로]가 되는 비극은 없어야 한닷!

- **Cross the street.**
  길 건너편으로 가세요.
  cross는 [크롸스]. 혀가 입천장에 닿는다면 close가 되어 헉! 갑자기 멀쩡한 길이 폐쇄도는 사태가. street은 [스뜨륏].

29

- **You will see the/a --- there.**
  거기서 ---가 보일 거예요.

  see 발음 주의. there는 그냥 [데어] 하지 마시고 혀끝을 입 밖으로 살짝 섹시하게 내어 소리내실 것. 김 부장님, 혀 너무 많이 빼셨다, 하하.

- **It will take --- minutes.**
  ---분 걸릴 거예요.

  우리들 너무 will과 같은 별 의미 없는 단어를 강하게 소리내는 경우가 많은데, it will은 [잇 윌]이 아니라 [이를] 정도로 부드럽게 넘기면 됩니다. [이를테익…] [이를테익…]

자, 다 되었어요. 이제 그 미국 젊은이 구할 준비가 거의 된 거죠. 연습하십시다. 그 사람이 바로 앞에 있다고 상상하시면서 다음을 영어로 해보세요.

❶ (웃으면서) 안녕하세요? 문제 있나요?

❷ 아, 시청이요? 저기 큰 빌딩 보이시죠? 거기까지 쭉 가시면요.

❸ 약국을 만날 텐데요. 거기서 우회전 하시면, 시청이 보일 거예요.

❹ 10분 정도 걸릴 거예요.

> 모범답
> ❶ Ha ha. Hi. Trouble?
> ❷ Oh, City Hall? Do you see the tall building there? Go straight there.
> ❸ You will see a pharmacy. Turn right there. Then, you will see the City Hall.
> ❹ It'll take 10 minutes.

잘 되셨나요? 회사 내에서 일어날 만한 경우로 하나 더 할게요.

❶ (웃으면서) 안녕하세요? 뭘 찾고 계신가요?
❷ 화장실이요? 이쪽으로 마구 가시면 계단이 보일 거거든요.
❸ 거기에서 왼쪽으로 돌면 회의실이 있는데, 거기서 화장실 표시가 보일 겁니다.

> 모범답
> ❶ (smile) Hi. Are you lost?
> ❷ Oh bathroom. Go straight here and you will see stairs.
> ❸ Turn left there and you will see a conference room and the bathroom sign.

이번에는요? 몇 점이신가요? 이 부분은 절대 유창한 영어가 필요한 게 아니라는 말씀 다시 드릴게요. 짧더라도 정확하게 구사할 수 있는 문장 몇 개와 별 게 아니라는 어느 정도의 자신감. 게다가 몇 번에 지나지 않는 연습으로도 충분히 가능한 부분이니, 한 번이라도 더 연습해 보세요.
지금까지 여러분은 ❶ 미국 사람의 인사를 받아내는 법과 ❷ 길과 방향을 가르쳐 주는 법을 배웠습니다. 잘 진행되고 있는 거 맞죠?

외국인이 길을 물을 때 꺼내보는
맛보기노트 2

- **First time here? / Are you lost? / Trouble? / Looking for something?**
  길을 잃어버리셨나요? / 뭐 찾으세요?

- **Do you see the --- there?**
  저기 저 --- 보이죠?

- **Go straight there.**
  거기까지 똑바로 가세요.

- **Turn left there. / Turn right there.**
  좌회전/우회전 하세요.

- **Cross the street.**
  길을 건너가세요.

- **You will see the/a --- there.**
  거기서 ---이 보일 거예요.

- **It will take --- minutes.**
  --- 분 걸릴 거예요.

맛보기 ❸

알아듣기 어려운 말에 되묻기

미국 기술 조인을 맺은 회사에 일주일 예정으로 기술회의 출장을 떠난 어느 굴지의 대기업 R&D 기술자 분들의 이야기. 이 분들 하루 일정을 마치고 밤마다 심각한 회의에 빠져듭니다. 내용은 이렇죠.

"어이 최대리, 그 소프트웨어의 언어호환 부분 말이야. 아까 잭 브라운이 뭐라고 그런 거지? 지네들이 하겠다는 얘기야, 우리 보고 하라는 얘기야?"

"아 저 그게… 제 생각으로는 우리가 디자인해서 건네주는 게 좋은 생각인 거 같은데요."

"아니, 이 사람아. 지금 내가 자네 생각을 물어봤나? 그 쪽이 원하는 바가 뭐냐고 묻는 거 아닌가?"

"(뭐 자기는 귀가 없느?) 제가 잘못 이해했나 봅니다. 내일 다시 확인하죠."

"에이 쯧쯧쯧… 이사님이 오늘 회의보고 기다리고 계실 텐데…"

최대리는 그날 밤 저에게 이메일을 하나 때렸습니다. '이 사람 저 사람 바꿔가며 회의를 하다 보니 억양이나 발음도 다 다른 것 같기도 하고 어찌나 속도가 빠른지 종잡을 수가 없다'라는 요지였는데요. 세미나 첫 부분은 꼼꼼히 챙기다 보니 각 회의 세션들 시간도 지연이 되고, 또 상대방이 설명에 서두르고 그러다가 정확한 의견 교환이 힘들다고 걱정이 이만 저만이 아니었습니다.

사실 본토에 사는 적지 않은 미국 사람들, 외국에 나가 본 경험이 없습니다. 바깥 세상에 다양한 문화의 사람들이 산다는 것도 잘 인식하지 못할 뿐 아니라, 외국 사람들이 자신들의 편의를 위해 영어를 열심히 공부해준다는 걸 잘 알지 못합니다. 한국이 어디 있냐는 둥, 너희 대통령 김정일 운운할 때는 '뭐 이런 무식한 X들이 다 있어?'라는 생각이 들곤 했죠.

이유야 어찌되었건, 제가 그날 최대리에게 답글로 주었던 조언은 단순한 거였습니다. 이해가 안 되는 부분은 다시 확인하고 증빙 자료를 확보하라는 것이었는데, 이를 상대로부터 끄집어내는 문장들을 몇 개 만들어서 사용해 보라 권했죠.

I am sorry I am not clear about this.

죄송하지만 제가 이 부분이 확실치가 않아서요.

Please tell me about this. I didn't understand.

이거 이야기 한 번 더 해주세요. 잘 이해를 못해서요.

Sorry, my English is not perfect. Can you slow down?

미안한데 내 영어가 그저 그런 수준이라 좀 천천히 해주셈. 제가 sorry를 [쏠위]라 표기하는 이유는 이 발음이 원음에 가장 가깝기 때문입니다. r의 발음을 위해 입술을 모아 혀가 천장에 닿는 것을 막기 위함, 아시죠? down의 d 발음도 유의하셔야 합니다. 고스톱 삼매경에 빠질 경우에나 택시를 긴급하게 잡을 시 우리가 사용하는 영어 발음, "따불!"도 좀더 앞 철자 발음이 부드러워져야 함이 옳습니다. Sit down.도 자세히 들어보면 [씨라운]이라 들릴 정도인데요. d 발음에 힘을 뺍시다.

I am sorry but can you write it down for me?

죄송하지만 저를 위해 그것 좀 써가며 할까요? 써내려가며 설명하는 상황에서는 얼굴만 마주보고 '쌩' 영어만 오고 갈 경우보다 이해도가 한 200% 정도 높다고 봅니다. 창피할 거 없습니다. 회의 성공을 위해서는 뭐든 해야죠. 이 말에 No I can't.라며 거절하는 미국인 단 한 명도 보지 못했습니다.

Do you have written documents about this? Drawings or diagrams?

이거 문서로 된 게 있나요? 그림이나 표로요? written의 t 발음이 강하지 않은 것이 요즘 미국 영어의 추세죠. mountain의 전형적인 한국 발음인 [마운틴]이 전혀 그들에게 먹혀 들어가지 않는 충격적인 상황을 여러 차례 목격한 저는, 산을 [마운든] 내지는 [마운은]이라 발음하기 범국민적 계몽운동을 벌여야 한다고 주장합니닷! absolutely는 [앱쏠룰리], hunter는 [헌얼], written은 [우륃은], writing은 [우롸이링]. 이게 요즘 미국 발음이죠.

Will you summarize it and e-mail me?

그거 다 정리해서 이메일 좀 보내줄래요? summarize에서 제가 보는 주의할 발음은 mm 또는 nn의 것인데요. 우리들이 자주하는 말 중, summer는 [썸머]가 아닌 [썰머]로, grammar는 [그램머]가 아닌 [그뢔멀]로 발음해야 합니다. 섹시한 여가수 Madonna는 [마돈나]가 절대 아닌 [머다너]로 발음하는 게 우리 정신 건강에 더할 수 없이 좋을 듯 하네요. summarize it은 [써머롸이싯], 아시겠죠?

이상은 최대리에게 긴급으로 가르쳐 준 여섯 문장이었어요. 좀 더 용감해지라는 격려도 아끼지 않았죠. 귀국 때 면세점에서 샀다는 양주 한 병을 받으면서, 최대리의 그날 이후 회의 분위기를 짐작할 수 있었죠. 참 사람은… 양주는 뭣 하러 사요? 오고 가는 물질 속에 싹트는 사제의 정, 쑥쑥 느는 영어 실력.

이런 상황은 비단 회사나 직장에서만 일어나는 일이 절대 아닙니다. 영어에 관심 있는 우리도 항상 대비하고 있어야 하는 일이기도 하며, 한국까지 와서 자기 나라말을 엄청난 속도로 말해대는 외국 사람들의 군기(!)도 잡는 기회로 삼읍시다.

앞에 미국인이 다가옵니다. 다시금 우리 심장은 뛰고 정신이 혼미해져 가도 마음을 가다듬어야 하는데… 미국인이 말합니다.

Hi, I am sure that we have met before. How have you been?이라고. 편히 앉아서 지금 저와 이 책으로 이야기 하고 계신 여러분들 대부분은 뭐 이 정도야 하실 지라도, 실제 라이브와 연습의 차이라고 할까요? 왜 이리 실제 상황에선 이 문장이 "!&^$@^(*@$#@()!(#^#*&(*^#*^(@)#(#*)*"라는 아프리카 원주민어로 들리냐는 말이죠.

정신 차립시다. 그리고 우리가 준비한 필살의 무기를 하나 꺼내 듭니다.

(웃으며) Sorry but I don't have perfect English. Can you please slow down?[쏠위번 아돈햅펄펙잉글리쉬. 캔뉴플리이스슬로다운?](죄송하지만 제 영어가 신통하지 않아서요. 좀 천천히 해주시겠어요?)

이 말을 들은 상대 외국인의 반응은 대부분 이렇습니다.

Oh, I am very sorry. I will slow down Your English is good enough. Even better than my Korean. Ha ha ha.(엇, 미안합니다. 찬찬

히 할게요. 당신 영어 훌륭한데요 뭐. 제 한국말 실력보단 낫잖유. 껄껄껄.) 말이 많아지는 것을 보면 약간 당황한 기색이 역력하죠? 앞으로 이 분은 우리에게 또박또박한 발음의 짧고 쉬운 문장으로, 게다가 자신이 습득한 한국말까지 곁들이며 이야기를 할 확률, 100%.

또 우리 옆에 있었던 우리의 친구나 동료들, 내 그 한마디에,

"어, 뭐야? 너 영어 할 줄 알았어? 우와."

"어, 누구세요? 내, 내, 내가 아는 분이 아닌 것 같은데요."

앞, 옆 사람 놀래키는 영어 한마디였습니다.

상대의 말을 못 알아들었을 때 꺼내보는
맛보기노트 3

- **I am sorry I am not clear about this.**
  죄송하지만 제가 이 부분이 확실치가 않아서요.

- **Please tell me about this. I didn't understand.**
  이거 이야기 한번 해 주세요. 잘 이해를 못해서요.

- **Sorry, my English is not perfect. Can you slow down?**
  미안한데 제가 영어를 잘 못해서요. 좀 천천히 말해주시겠어요?

- **I am sorry but can you write it down for me?**
  죄송하지만 저를 위해 그것 좀 써가며 할까요?

- **Do you have written documents about this? Drawings or diagrams?**
  이거 문서로 된 게 있나요? 그림이나 표로요?

- **Will you summarize it and e-mail me?**
  그거 다 정리해서 이메일 좀 보내줄래요?

memo

회사로 찾아온 외국인 도와주기

미국인들은 예고 없이 남의 집에 불쑥 찾아오는 일이 없어 보통 가정에서는 이런 상황이 없겠지만, 과거 외국 회사와 거래가 많은 회사 사무실 중엔 이런 풍경들도 벌어지곤 했습니다.

첫 번째 사례, 30명이 일하는 한 무역회사 국제 무역부 사무실. 외국인 한 명이 아침부터 찾아와 누군가를 찾지만, 그가 달랑 한 장 쥐고 있었던 Mr. Kim이라 쓰여있는 팩스 문서로는 당최 누굴 찾는지 알 수가 없었죠. 그 사람 도와주는 일을 서로 다른 사람에게 미루고 미루다 보니, 그 외국인은 약 30분간을 사무실 현관에 서 있다가 홀연히 사라진 사건. Mr. Kim은 그 회사 전무였고, 몇 백만 불짜리 수주 가능성이 하루 아침에 날아가버리고, 그 무역부 부장은 며칠을 위로 불려다니고 강등 당하고. 비극이죠?

두 번째 사례, 밤낮없이 회사에 충성을 바치며 열심히 일하던 곽대리, 가전 제품 모델 하나로 유럽에서 명성 있는 회사 간부들을 초청해내는 데 성공했습니다. 대리로서는 큰 일을 했다는 칭찬과 격려, 기대 속에서 그 날 그 회의를 위해 온 몸을 불살라 준비했건만, 그 건을 한 칼에 날려버린 사람은 다름아닌 그 회사 사장이었습니다. 손님들이 도착하여 엘리베이터로 오르려는 순간, 멀리서 출근하시는 그 회사 사장님. There comes our president Lee.(우리 회사 이 사장님이 오시네요.)라고 하자 손님들은 미소를 띠며 기다렸지만, 비서들이 사장을 가드하느라 악수도 못하고, 엘리베이터는 혼자 타고 올라가고, 회의에선 손님들 표정이 호랑이 같았고, 석 달 준비한 회의가 한 시간 만에 끝나고. 또 다른 비극이죠?

세 번째 사례. 어느 일본계 회사 자재부서 이야기입니다. 부지런한 회사라서 모두들 아침 일찍 출근해 있는 분위기인데, 유독 이 부서 앞 흡연구역 복도에 많은 남자 사원들이 모여 끽연을 하며 두런두런 이야기하는 모습이 매일 목격되고 있었죠. 제가 거기서 영어회화를 가르치고 있던 터라 한 사원에게 자초지종을 물었죠. "이 부서 분들은 담배 소비 촉진회 회원들입니까?" "아뇨, 피치 곳할 상황이 요즘 전개가 되어서요." "뭔뎁쇼?" "아 글쎄 요즘 미국에서 주요 부품을 납품 받기로 했는데, 애네들이 어찌나 적극적이던지 하루에도 몇 통씩 전화를 걸어오네요." "그래서요?" "영어 전화가 너무 무서워요. 일본은 어떻게 해보겠는데, 흑." 역시 비극이죠? 살짝 웃기는 케이스지만.

한국 경제를 수출이 끌고 있는 이 마당 저 마당에, 아직도 영어와 미국인들에게 주눅이 들어있는 많은 산업 일꾼들을 보며 한 말씀 해드리겠습니다. 용기를 내세요. 어차피 그들도 따사로운 피가 흐르는 사람들이고 못 할지언정 우리가 영어로 업무해주는 일이 자신들에게도 얼마나 고마운 일일 텐데요.

여러분, 갑자기 회사 내에서 맞닥뜨린 외국인을 맞이해 주거나 회사 내로 걸려오는 영어 전화를 받아내는 일은 그리 어려운 일이 아니라는 것을 말씀 드립니다. 우리 한번 판을 벌여 볼까요?

먼저, 회사 내방객들을 맞이할 때 쓰는 문장들을 보도록 할게요.

Hello. May I help you?

<u>안녕하세요? 도와드릴까요?</u> help의 발음은 우리가 흔히 사용하는 [헬프]와 크게 다릅니다. l의 발음은 혀를 구부리지 않고 펴서 끝을 위앞니 바로 뒤에 갖다 붙이는 식인데요. 그래서 우리 말의 [ㄹ] 발음인 혀끝 입천장 붙이기와는 소리가 다르다는 말씀 한번 더 드립니다. 물에 빠졌을 때 "헬프미, 헬프미"를 아무리 외쳐봐도 금방 알아듣고 와줄 사람 0명. "헤율미, 헤율미"라 해야 구조원들이 출동합니다.

미국인 내방객이 자신이 온 목적을 말하겠죠. 김 부장을 만나러 왔다 칩시다.

Okay, Mr. Brown. Come this way please. After you, sir. Please have a seat here.

네, 브라운 아저씨. 이쪽으로 오세요. (문을 열어주며) 먼저 들어가세요. 앉으십시오. 짧은 말들이지만 손님 안내에 필수적인 말들이니까 언제 어느 때라도 잘 나올 수 있도록 연습 많이 하시기 바랍니다.

Mr. Kim will be here shortly. Would you like anything to drink?

김부장은 금방 올 거예요. 뭐 마실 거라도 드릴까요? 좀 짚고 넘어가야 할 발음이 보이네요. 먼저 shortly. 가운데 t 발음은 거의 들리지 않게 [숄리] 정도가 되어야 합니다. anything의 [-띵] 부분은 우리가 골치 썩는 th 발음이지만 쉽게 말하자면 'ㅆ'이나 'ㄷ'을 발음할 때 혀끝을 밖으로 내고 소리낸다고 생각하면 쉬울 거예요.

이 정도면 되겠어요. 설명이 좀 복잡했으니 다시 한번 정리해 볼게요.

- Hello. May I help you?
- Okay, Mr. Brown. Come this way please.
- After you, sir. Please have a seat here.
- Mr. Kim will be here shortly. Would you like anything to drink?

여기에다가 자신의 이름과 직책 소개만 곁들일 수 있다면, 참 좋은 인상을 줄 수 있는 안내가 될 수 있으리라 봅니다. 웃는 얼굴 잊지 마시고요.

이번에는 회사로 걸려오는 영어 전화를 잘 처리하는 방법을 연구해 볼까요? 자기 자신에게 걸려오는 전화는 자신의 영어 실력을 연마하여 처리하는 수밖에 없습니다. 제가 곧 회사에서 업무 처리(통화/회의/출장/문서) 하며 사용하는 영어에 대한 책을 출시하니까 그 때가서 그 부분은 더 공부하기로 하고요(이거 광고네요). 오늘은 전화 잘 받아 담당자에게 넘겨주며 좋은 인상 심어주기, 여기까지!

전화가 울립니다. 한국 전화는 때르르릉, 미국 전화는 **ringing ringing**. 같은 소리인데 왜 나라마다 의성어들은 다른지 모르겠어요.

전화를 받습니다. "여보세요. OO입니다."

"$&^!)(#_!)#)#*^*&%*&#!)_)#*&&%&^%&^)(!#*_*(&&%*&"

갑자기 쏟아지는 영어. 긴장하지 마시고, 잘 못 알아듣겠다면 뭐가 우리 입으로부터 튀어나와야 하죠? 네. 그렇죠. **Sorry, I don't have perfect English. Can you please slow down?** 짝짝. 잘 하시니까 너무너무 보람 있네요.

상대방 군기를 잡았다면 이야기하기 시작합니다. 상대가 김부장을 찾습니다. 김부장 인기 좋네요. 김부장이 있을 경우는 간단하죠.

Sure, hold on please.

네, 잠시만요. '잠시만요.'의 표현으로 Just a moment.나 Wait a second.는 다 하는 거라, 다른 거 한번 써 봤죠.

김부장이 없을 경우에는 좀 복잡해지기는 하지만, 다음과 같이 이야기하시면 됩니다.

- **He is not here now.**
  히스낫히얼나우 그는 지금 없는데요.

- **He will be back soon/tomorrow.**
  힐비백숙순/트머뤄 곧/내일 돌아옵니다.

- **May I take your message?**
  메아이테이큐얼멧씨쥐 남기실 말씀 있나요?

이 부분의 관건은 이 세 문장을 상대방이 이야기할 겨를 없이 속사포처럼 퍼부어야 된다는 건데요. 길긴 하지만 한 문장이라 생각하고 연습하면 아주 멋들어진 영어가 입에 찰싹 붙게 될 겁니다. 연습 충실! 희망찬 내일!

맛보기노트 4
외국인을 도와줄 때 꺼내보는

- **Hello. May I help you?**
  안녕하세요? 도와 드릴까요?

- **Okay, Mr. Brown. Come this way please. After you, sir. Please have a seat here.**
  네, 브라운 씨. 이쪽으로 오세요. 먼저 들어가세요. 여기 앉으십시오.

- **Mr. Kim will be here shortly. Would you like anything to drink?**
  김부장은 금방 올 거예요. 뭐 마실 거라도 드릴까요?

- **Sorry, I don't have perfect English. Can you please slow down?**
  죄송합니다만 제가 영어를 잘 못해서요. 천천히 말씀해 주시겠어요?

- **Hold on, please.**
  잠시만요.

- **He is not here now.**
  그는 지금 없는데요.

- **He will be back soon/tomorrow.**
  곧/내일 돌아옵니다.

- **May I take your message?**
  남기실 말씀 있나요?

맛보기 ❺

식당에서 먹고 싶은 메뉴 골라먹기

외국인과 식사하는 일이 우리에게는 가끔 소화불량의 지름길임이 분명한데, 하물며 그 장소가 외국이었다면 그 스트레스가 이만저만이 아닐 듯 합니다. 같이 식사하는 사람들의 입에서 쏟아지는 영어 받아내기도 힘든 터에 가끔 웨이터나 웨이트리스가 와서 챙긴답시고 이것저것 말을 시키질 않나, 난생 처음 보는 메뉴 이름에 주문 순서에, 음식이 코로 들어가는지 입으로 들어가는지 모르는 그 상황. 이런 경험이 있는 사람일수록 외국 출장 중 그곳 사람들과의 식사 시간이 많이 부담스럽고 왠지 다프고 싶기까지 합니다.

이 책의 가장 궁극적인 목표가 식사 시간을 비롯해 미국인들과 어울리는 시간 동안 꿀리지 않는 대화량을 항시 구축하는 것인데요. 본 무기들이야 PART II 수다 연마 편에서 잘 훈련되겠지만, 여기에서는 또 다른 웬수, 또 하나의 복병인 식당 웨이트리스/웨이터의 공격에 굴하지 않는 내공을 쌓아드리겠습니다.

"자장면 곱배기 하나요."에 "단무지 많이요."만 있으면 되는 한국 음식점과는 달리, 샐러드 드레싱은 어쩌고, 감자는 어떻고, 고기는 얼마나 빡세게 구워줘야 하는지 마치 어릴적 에디슨 형이 선생에게 질문하듯 집요한 웨이터의 파상 공세에, 우리는 한민족 특유의 허기 시에 분출되는 분노가 끓어오르…지만, 어떡하겠어요? 여기는 홈그라운드가 아닌데. **All is up to you!**(아 너 알아서 해!)라 할 수도 없는 일이잖습니까? 우리 성향에 맞지 않더라도, 차라리 배우고 맙시다. 다른 나라의 음식 문화에 대한 상식도 많이 쌓을 수 있을 거예요.

여기서 우리는 웨이트리스가 묻는 어려운 문장을 외워서 입에 달 이유는 없겠죠. 단지 그들이 말하는 질문을 잘 이해하고 잘 대답하면 되는 일일 겁니다. 그러기 위해서는 웨이터들이 통상 하는 말들의 순서를 미리 알고 있는 것이 중요합니다.

시작합니다.

보통 미국 레스토랑에 들어서면 receptionist[리셉션이스트]가 손님을 맞이합니다. 미국에서의 식사는 그곳 사람들이 예약이나 식당 내에서 리드를 하므로 우리가 나설 것은 없지만, 알아둬서 나쁠 것은 없닷! 그렇죠?

리셉션이스트가 묻습니다. **몇 분이세요?** **How many are there in your party?** 혹은 간단하게 **How many?**

대답은 간단히 **Four.. Five.** 등 참석 인원 수로 답하면 됩니다.

또 하나 묻습니다. **흡연석 드릴까요, 아니면 금연석? Would you like smoking or non-smoking?** 이 정상이지만 줄여서 **Smoking** or non?이라 하기도 하고요. 요즘 들어선 술 파는 바 수준의 식당을 제외하곤 미국에선 실내 흡연을 전면적으로 금하고 있는 추세입니다. 국민건강을 위해 담뱃값을 올리고 금연을 대대적으로 실시하고 있지만, 유럽으로 아시아로 담배 판매를 촉진하고 있는 걸 보면, 참 미국이란 나라 알다가도 모를 면이 있긴 하죠.

리셉션이스트가 자리로 이끕니다. 자리에 앉기를 권하면, 웃으며 Thank you.

테이블 담당 웨이터/웨이트리스가 등장합니다. How are you all tonight? 대답 이제 잘 아시는 거죠? 사람들이 너무 많으면 간단히 Good. 하거나 미소로 답해도 좋겠네요.

웨이터/웨이트리스(이하 WT로 줄일게요 숨이 차서 원)가 가장 먼저 묻는 건 Can I start you off with something to drink? 혹은 Would you like anything to drink? 또는 더 짧게 Something to drink?라고도 묻습니다. **마실 거는 무엇을 드릴까요?**라는 질문들인데, 첫 질문처럼 앞 부분이 아무리 난해하고 현란해도 여러분이 집중해서 캐취할 부분은 단지 something to drink, anything to drink입니다.

something to drink의 종류를 알아 볼까요? 자신의 컨디션에 따른 18번 음료수를 몇 개 정히 놓는 것도 좋겠네요.

Soda(탄산음료)류 Coke, Diet Coke, Pepsi, Diet Pepsi, 7-up, Sprite, Mountain Dew, Dr. Pepper, Orange soda 등이 있겠는데요. 자신의 성향, 건강에 따라 고르기로 합니다. **Coke**는 반드시 발음을 [코웈]이라 신경

써야 하는 이유는 [콕]이나 [칵]이 되어 버리면 아주 위험한 의미의 단어가 된다는 거 익히 들어 알고 계시죠? 아주 야한 단어 말이죠. 미국에는 '사이다'라는 단어가 다른 의미의 음료여서 대신 7-up이나 Sprite으로 말해야 하구요. Coke와 Pepsi는 같은 콜라 음료의 제품이지만 선호 인구가 서로 다릅니다. 그리고 Mountain Dew의 Mountain의 발음은 [마운은]이 되어야 하는 이유를 이미 설명 드렸었죠?

Juice류　orange juice, apple juice, tomato juice와 lemonade가 생각납니다. 발음을 보면, orange의 -ge 부분은 입술을 모아 주둥이(앗 실례)를 전방 5cm정도로 내밀어 [오뤤쥐]를 외쳐야 하고, apple은 절대적으로 [애플]이 아닌 [애뽀오]가 되어야 합니다. tomato의 미국식 발음은 [토메이도]라는 거 잘 아시죠?

Tea류　coffee, hot tea, green tea, ice tea, coffee는 f 발음에 주의하셔서 커피 한 잔이 복사기(Copy) 한 대가 되지 않도록 기억하시며, coffee를 시키면 WT 10명에 10명 모두 Cream and sugar?를 물어본다는 사실을 잊지 말아주세요. cream은 흔히 우리가 잘못 말하는 '프림'이라는 건데 혼동하지 말아주시고요.

기타 음료수　ice water, milk가 있겠네요. 우리가 water의 발음을 소극적으로 하는 경향이 있어서 미국인들에게 잘 안 먹히는 경우를 종종 보는데, 입을 크게 벌려 천천히 [우와럴]이라 소리 낼 필요가 있습니다. 문제의 milk의 발음! 역시 l의 발음이라 우리의 [밀크]라는 발음이 설득력이 없어 보이죠. 정확하게 가려면 [미이을]이 훨씬 알아듣기가 쉽습니다만, 이게 싫으면 차라리 [미역]이라 발음해서 갖다 준다면 믿으시겠습니까, 여러분?

마실 거를 가져온 WT가 다음 대사로 넘어갑니다.

주문 준비 되셨나요? Are you ready to order? 우리의 대답은 Yes. 또는 Sorry not yet. 등 짧은 거니까 이건 별로 어렵지 않네요.

어느 WT는 다음과 같은 질문을 먼저 내던지기도 하는데, 언제나 어디서나 변칙 선수들이 하나씩 있긴 하죠.

오늘의 특식에 대해 들어보실라우? Would you like to hear the specials? 혹은 전채 요리 원하십니까? Would you like any appetizers?

특식이야 WT가 설명하는 도중 듣는 둥 마는 둥 해도 되는 일이지만, 눈에 띄게 드시고 싶은 전채 요리가 없다면 그냥 넘어가면 되는 부분입니다. 가끔 너무 적극적이어서 중간도 못 가는 경우가 많아서리.

본격적인 주문이 시작됩니다.

Can I take your order?나 What would you like?이 가장 많이 묻는 뭘 드시겠습니까?입니다. 손가락으로 가리키며 This one!이라 하는 게 가장 편하고 정확한 주문 방법이겠지만, 음… 조금 성의 없는 강의네요. 저 이렇게 가르치면 '생선회 좋아하는 영어 강사'라고 소문나기 십상이죠. 날로 먹으려 했으니.

음식 주문을 할 때에는 최선을 다해서 메뉴에 있는 음식명을 읽어내십시오. WT가 못 알아듣는 낌새를 보이면 약간의 불쌍한 표정을 연출해주면 되는데, 아마 WT가 좀더 적극적으로 옆에 달라붙어 우리의 의중을 알아내려 할 겁니다. 웃으며 다시 시도해 보고 또 하다 보면 화기애애한 분위기 창출 완료.

음식 메뉴에 대해 자세히 설명할 필요가 느껴지네요. 이러다간 이 책이 요리책으로 바뀔 지도 모른다는 불안감이 있긴 하지만 여러분의 성공을 위해선 뭐든지 설명할 거야!

아침 식사부터 봅니다.

breakfast라 불리는 이 끼니는 주문하기가 여간 까다로운 게 아닌데요, 귀찮다고 단순히 주문했다가 부실한 아침 식사가 되고 말아 반나절 허기에 울부짖는 사태가 발생하기도 하므로, 여러분 배웁시다. 참고로 breakfast는 발음이 [브뤡퍼슽]이어야 합니다. '블랙퍼스트'라 많이들 하는데, 블랙이 '검은'이란 뜻이라면 너무 빨리 태웠다는 그 음식? 써얼렁.

메뉴판에 리스트 된 아침 식사를 하나 고릅니다. 미국식 아침 식사는 아시듯 빵, 달걀, 간단한 육류, 감자 등으로 되어 있는 세트가 보편적인데, 주문을 하는 즉시 다음과 같은 질문이 WT의 입으로부터 나오기 시작합니다.

How would you like your eggs done? How would you like your eggs cooked? 달걀 요리 어떻게 해드릴까요?라는 뜻인지는

읽어 보면 잘 아는 거지만, 실제로는 왜 이리도 안 들리는지. [하우쥴라익켤엑스던?]이지만 빠른 실제 영어에서는 '하우'와 '엑스던'이 가장 빨리 포착되어야 할 부분입니다. 답을 어떻게 할까요? 달걀 요리는 우리나라에선 대충 까이거 '후라이', '삶은 것'이라 하면 되지만 미국 식사는 조리 방법에 따라 좀더 다양합니다.

Sunny-side up

반숙된 노른자가 흰자에 싸이지 않은 채 하늘을 우러러 보는, 만드는 사람 측

면에서 보면 매우 손쉬운 조리 기법이죠. 필자도 미국 대학 기숙사 식당에서 오래 일하며 실력 있는 eggman으로 국위 선양(!)을 하고 있을 때, 이 [써니싸이덥] 주문하는 애들은 왜 그리 정이 가던지. 그러나 술이 과했던 날 다음 날 아침엔 노른자 꺼먹기 선수로 돌변, 매니저 시선을 피해 흐르는 노른자를 후루룩 마시다 입천장 홀라당 데었던 기억도 나네요.

Over easy

위 [써니싸이덥] 공법에서 흰자를 노른자 위에 가벼운 터치로 올려놓은 예술품입니다. 베일에 싸인 눈부신 나신처럼 반숙 노른자의 실루엣이 흰자 너머로 아름다운 자태를 수줍게 보입니다. 표현이 조금 오바스러운 면이 없지 않지만, 이 예술 행위를 위해 만드는 사람 엄청 뗩나죠. 노른자가 깨진다거나 덮개용 흰자가 용적이 부족해서 노른자를 반밖에 못 덮쳤다거나.

Over hard

위 [오우v버리시]를 좀더 강한 포스로 노른자를 요리해버린 남성적 기법. 흰자를 덮고 노른자가 완숙이 될 때까지 기다린 다음, 씨름에서 보았음직한 뒤집기 기술을 시도하여 달걀을 완전히 익히는 조리법입니다.

Scrambled eggs

발음에 유의해야 할 단어라는 게 이젠 팍팍 느껴지시죠? l 발음의 중요성을 다시 깨닫게 해주는… 잘 아시듯, 흰자 노른자 할 것 없이 죄다 풀고 저어서 조리하는 요리라, 만드는 조리사의 스트레스를 풀 수 있도록 도와주는 고마운 주문이 되죠. 만드는 것도 먹는 것도 간편하고 용이한 우리의 친구 [스크램보 엑스]!

Omelet

o 발음을 왜 굳이 [오]가 아닌 [아]로 하느냐는 지적을 들은 적이 있습니다. 너무 미국에 편중된 발음이라지만, 할리웃이나 CNN 등을 많이 접하며 미국 영어의 발음이 전세계인들의 귀에 익숙해져 가는 현대입니다. 우리 나라에서도 이젠 stop을 [스톱]이라 하지 않고 [스탑]이 표준처럼 되어가듯 말이죠. 아무튼, 일본 사람들에 의해 줄여지고 섞인 단어 '오무라이스'의 출발이 omelet일 거란 생각이 듭니다. 이 요리를 주문하면 WT가 What kind of omelet would you like?이라며 좀더 집요하고 구체적으로 덤벼드는 경우가 있는데, 그 요리 안에 mushroom, cheese, ham, bacon 등 ingredient(음식재료)의 선택이 필요합니다. 복잡하시다면? 주문을 안 한다는 대안이 있습니다. 하핫.

달걀 고르기가 끝났습니다. WT의 다음 질문은 빵 종류를 묻는 것입니다. Pancakes, toast or muffin?이라 물어보거나 그 식당의 자랑인 다른 빵 종류를 권하기도 할 텐데 그 부분은 비교적 알아듣기 쉬우실 거예요. 다만 toast의 발음이 [토스트]보다는 [토우슽]이라 들릴 것이라는 점, 이것에 밑줄 쫙.

toast를 주문하는 분들이 많습니다. WT가 또 한번 몰아붙입니다. Whole wheat or white?[호올위이로와잇?] **호밀빵(검은색 빛이 나는 건강빵)이요, 백밀빵(하얀색의 일반빵)이요?** 이 질문에 정신이 혼미해지는 경우가 많습니다. 발음도 알아듣기가 퍽 괴롭죠. 그러나 아침 식사 주문에 거의 100% 질문되는 문장이니만큼 반드시 알고 있어야 합니다. 다시 한번, [위 이로와잇?]

그 다음, WT의 이어지는 질문은 Bacon or sausage?입니다. bacon은 [베이컨], 언제나 영어 발음이 이렇게만 쉬우면 얼마나 좋을까 싶은 단어지만, 반면 sausage는 대부분의 한국인들이 잘 주문하지 못하는 음식 메뉴 중의 하나입니다. 그 이유는 우리가 요 음식을 [쏘쉬지] 내지는 [소세즈]로 소리내고 있기 때문인데, 정확히 전달하려면 [쏴씨쥐]라 발음해야 합니다. [쏴 씨 쥐]

sausage처럼, 우리 일상 생활에서 사용하고 있는 영어로 된 음식들 중에서 유난히 미국인들이 못 알아듣는 것들이 다음과 같죠. 한번 연습해 보시기 바랍니다. 위에 이미 설명된 것들도 있네요.

Chocolate	[초오컬릿] (좋구요)	[초코렡] (안 돼요)
Vanilla	[버닐라] (좋구요)	[바니라] (안 돼요)
Apple	[애뽀오] (좋구요)	[애플] (안 돼요)
Milk	[미이윽] (좋구요)	[밀크] (안 돼요)
Fries	[프(f)라이스] (좋구요)	[프(p)라이스] (악, 안 돼)

아침 식사 메뉴 주문이 끝났습니다. 이번에는 점심이나 저녁으로 소개되는 여러 메뉴들을 볼까요?

먼저, 우리 할아버지 세대들이 '스테끼'라 부르셨던, '양식!' 하면 떠올랐던 steak [스테잌]류의 주문 방법을 살펴봅니다. T-bone steak을 비롯하여 각 음식점마다 자랑거리로 내놓은 '썰기'용 미국식 스테잌 요리와 Fajitas 등 고기류가 들어가는 몇몇 멕시코 음식에 이 주문 방법이 적용됩니다.

우리가 음식 이름을 댄 후, WT가 첫째로 물어볼 질문은 Soup or salad?인데, 읽기에 전혀 문제가 없어 보이는 이 문장이 실제로 듣기에 [수포샐럳?]이라 들린다는 것이 문제죠. 단순히 샐러드 이름을 묻는 줄 알고 Yes.라 답하는 상황들을 수 차례 목격한 바. [숲](스프)과 [샐럳](샐러드) 중 택일하라는 질문임을 알려드립니다.

soup의 종류 또한 다양합니다. mushroom, onion, broccoli, beef, cream and chowder, vegetable… 주로 즐겨 드시거나 그날 땡기는(!) 종류를 시키면 되겠지만, 잘 기억이 안 날 경우 What kind do you have? [왓카인두유햅?]을 외쳐주시면 되겠네요. 꼭 기억하고 있으면 좋을 문장, **어떤 종류 가지고있는데요?**

salad는 steak과 동반해서 나오는 종류는 적은 양의 side salad가 전부라 신경쓸 일 없어 보이지만, 문제는 다음 질문, What kind of dressing would you like for your salad?입니다. salad에 뿌려먹는, 우리가 흔히 말하는 '소스'를 '드레씽'이라고 부른다는 점 기억하시면서, French[f프렌취], Italian[이탈리안], Thousand island[(혀내미시고)th따우전 아일랜], ranch[우뤤취] 등 salad dressing 몇 가지를 알고 계셔도 좋을 듯 하네요.

steak 종류 주문의 다음 질문은 How would you like your steak done?[하우우쥴라이큐얼스테잌던?] 아침 식사의 달걀 요리 주문에서 살펴봤던 질문과 같지만, 이번에는 **고기를 얼마나 구워드릴까요?**라는 물음이니만큼, 아시듯 well-done 바짝, medium well 덜 바짝, medium 더 덜바짝, rare 굽는둥 마는둥의 네 종류의 조리법에서 고르셔야 합니다. 발음이 정확하지 않으면 '바짝' 조리가 피가 보일 만큼 덜 구워 나오는 사례가 있는지라 한번 짚고 넘어가겠습니다.

우리의 well과 rare의 발음이 가끔 미국인들에게 혼동을 주기도 합니다. 앞서 말씀드렸듯이 l과 r의 소리 차이의 이유였던 혀의 위치 때문인데, well은 [웨을]과 같은 소리를 내면서 혀끝을 펴서 위 앞니 뒤로 갖다 붙여야 하며 [웰]이 되지 않도록 입을 좌우로 크게 찢지 않아야 하는 것이 중요합니다. 한번 해보세요. [웨을]. 반면, rare의 발음은 r 발음의 혀가 입천장에 닿지 않아야 된다는 점에 입을 모아 [우뤠얼]이 되어야 합니다. [웨을]과 [우뤠얼]. 우리는 분명히 다르게 소리 내고 있지만, 듣는 사람들은 '아니올시다' 인가 보니 조금 주의를 기울일 필요가 있어 보입니다.

steak 주문의 마지막 관문, 서양 사람들의 주요 녹말 공급원이라 해도 과언이 아닌 potato[포테이로]. 조리에 따라 다른 모양, 다른 맛의 감자 요리로 변신하는데, 주로 감자를 반으로 툭 터서 안에 치즈, 버터와 각종 야채를 넣어 구운 baked potato[베잌포테이로], 고칼로리의 절정이지만 케첩과 더불어 먹으면 '손이 가요 손이 가'인 French fries [f프렌치 f프라이스], 삶아서 철저히 으깨어 만든 mashed potato[매쉬드 포테이로]가 있습니다. 각자 기호에 따라 다르겠지만, 저는 개인적으로 첫 번째를 무척 좋아한다는 말씀을 곁들이면서…

steak 외의 식사들은 주문 방법이 간단하지만 대신 발음을 주의해야 할 몇 가지들이 보입니다. sandwich. [드]의 발음이 많이 들리지 않도록 [쌘위취]로 발음 되어야 합니다. hamburger. [햄벅], [햄버얼]이라는 조금 우스꽝스런 소리가 몇 십년 전 어느 코미디 프로에서 유행하기 시작했었는데, -ger의 끝소리도 정확히 해주시는 게 좋습니다. [해앰벌걸]이어야 합니다. pizza. 미국인의 발음으로 근접하기 가장 어려운 음식명 중 하나. [피자], [피짜]가 아닌 [핏즈싸]의 발음이어야 합니다. [씨]도 아니고 [쯔]도 아닌, 혀끝을 아랫니 뒷부분에 붙이고 입술을 가볍게 열어 바람을 새게 하는 소리여야 하며, 우리가 가장 힘들어하는 발음이기도 하지요.

자, 기나긴 음식 주문에 대한 설명이 끝났습니다. 음식이 나오고 식사를 하는 동안 WT는 몇 번이고 테이블로 다가와 근황을 살핍니다. 더 나은 서비스를 위한 것이니만큼, 귀찮아 하지 마시고 '웃으며' 반갑게 대해주시고 대답해주시길 바랍니다. 우리가 대처할 WT의 질문들은 다음과 같습니다.

- **How is everything here?**
  여기 모든게 다 어떠세요?

  아하, how로 시작되는 인사네요. 우리의 대답은? Good. 필요한 게 있다면 말씀하시구요.

- **Is everything all right here?**
  여기 모든게 다 괜찮나요?

  위 How is everything here?와 별 차이 없는 질문이지만, 대답은 yes나 no로 해야겠죠.

- **Would you care for (like) anything else?**
  뭐 다른거 더 필요하신가요?

  별다르게 필요하거나 문제가 없는 경우, no라고 해야겠네요. 더 필요한 게 뭐가 있을까요? 아, silverware[씰버웨얼]. fork, spoon, knife의 셋트 묶음이죠. 역시나 f 발음이 정확하지 않으면 포크(fork) 주문시 돼지고기

(pork) 한 덩이가 나올 수 있다는 사실, 잊으면 안 되는 거죠. napkin[내앱 큰]도 연습해 놓을 만한 거구요.

- **Would you care for dessert?**
  디저트 드시겠어요?

  미국은 어른이고 아이고 후식으로 단 것을 먹기 좋아하는 사람들이 많아 WT들이 꼬박 챙겨주는 경우가 많은데, 싫으시면 No thanks. 단, dessert 는 발음이 [디저트]가 아닌 [디설]이 되어야겠습니다.

- **Can I take this plate? Are you done with this?**
  이 그릇 가져갈까요? 이거 다 드셨나요?

  그릇을 부지런히 치워주는 WT의 질문. 알아듣기 쉽습니다, 그렇죠? 아직 다 안 먹었는데 가져 갈 경우, 눈에 쌍심지를 켜고 NO!!!라고 외쳐 분위기 싸늘히 만들기 보다는, I am still working on it.[암스띠일월킹온잇] **아직 먹는 중이에요.** 라고 웃으며 얘기해 주세요.

자, 미국 식당에서 식사를 하면서 WT와의 대화에 대한 영어 준비가 모두 끝났습니다. 복습을 하지 않으면 입안에 가시가 돋는 아주우우 바람직한 습관, 제가 도와드리죠. 옆에 도우미 파트너는 안녕하신가요? 그 분이 이번엔 WT가 되어 도와주시는 거죠?

음식주문할 때 꺼내보는
보기노트 5

- **Sorry, not yet.**
  아직 안 정했습니다.

- **What kind do you have?**
  어떤 종류가 있지요?

- **I am still working on it.**
  아직 먹고 있어요.

memo

화제 바꾸기 /
대화 마무리하기

"비겁하다 욕하지마~" 제가 좋아하는 가수 캔의 노래가 갑자기 제 브레인을 감싸 안네요. 분명히 손자형의 병법에도 보면 삼십육계의 지략이 얼마나 현명한 전술인지 모른다는 피가 끓는 역설의 목소리가 들리는 것 같고, 미량의 쪽팔림만 무릅쓴다면 자신의 육신을 보호할 수 있다는 본능을 왜 거부하며 살아가야 하는지? 제가 좀 비겁하긴 한 건가요? 인생을 바르게 살아라, 탐!

다른 사람과 이야기를 하다 보면 대화가 뚝! 끊겨버리는 사태가 일어나곤 합니다. 이유는 약 두 가지 같은데, 말수가 심각하게 없는 상대를 만났다거나 아니면 둘 다 오늘 입 근육 컨디션 내지는 수다 지수가 현저히 낮은 상태인 거라 봅니다. 하물며 이 대화가 영어로 진행되고 있는 상황이라면? 왜 이게 나만의 잘못이냐고요? 공동 책임이죠. 네? 제가 또 잘못 사는 거라고요?

자, 뚝 끊어진 대화에서 책임 전가하는 방법. 첫 타깃은 바로 옆에서 멀뚱멀뚱 대화만 듣고 있던 우리의 동행 친구! 불쌍하지만 니가 희생을 좀 하렴.

Let me introduce you. This is my friend, ---.

소개할게요. 이쪽은 내 친구, ---고요. 발음 좀 보조. let이 [을렛]이 되어야 하는 이유는 이젠 잘 아시겠죠? introduce는 [인트로듀스]라 정확히 발음을 내는 경우 약간의 멕시코 데퀼라 내음 물씬나는 소리로 갈 수 있으니 r 발음 조금 죽여주시고요. friend의 f 발음 잘 아시듯 p 발음과 확연히 구분해주실 것. 앞니가 돌출하는 들쥐 치아구조를 만들어서 바람을 뿜어냅니다. 침 튀니까요 살살. 아니 박과장님 그게 아니라. [프프프…]

아무튼 이 한 문장으로 그간 우리가 상대하느라 고생하셨던 그 미국인의 시선과 관심은 잠시 옆으로 옮겨갔습니다. 이제 우리들은 다음 이야기 소재를 준비하기에 촉각을 세워야겠죠. 곤경에 빠진 친구를 옆에 두고 다음 대화 준비를 하고 있는 나, 흔들리는 우정. 하하.

끊어진 대화의 어색함을 척결하는 두 번째 비밀 무기는 비교적 쉽습니다. 앞에서 이미 인사 대처 파트에서 배운 것으로, How is/was your ---? **당신의 ---은 어떠신가요/어떠셨어요?**입니다. 아무 때고 물어봐도 전혀 생뚱

맞지 않을 그런 소재의 질문들이라 마음 놓고 쓸 문장들이죠. 발음 다시 한 번요. [하우스열 ---?/하워스열 ---?] 현재와 과거의 차이이긴 하지만, 발음이 크게 다를 건 없죠? 그만큼 be동사 구분에 신경 쓸 것 없다는 뜻이기도 합니다.

---안에 들어 갈 단어들을 기억하는 것도 중요합니다. 한번 나열해 볼까요?

- **How is your family?**
  하우스열 f패믈리?

- **How is your wife/husband?**
  하우스열 와잎f/허스번?

- **How is your golfing/fishing/gardening?**
  하우스열 골f핑/피쉬ng/갈드닝?

- **How is your baseball team, Yankees?**
  하우스열 베이스볼팀 앵키스?

- **How is your class?**
  하우스열 클래쓰? (영어 선생들 경우에)

- **How was your weekend?**
  하워스열 위껜?

- **How was your trip?**
  하워스열 추륍?

- **How was your vacation?**
  하워스열 v베이케이션?

- **How was your party/dinner?**
  하워스열 팔이/디널?

이 정도 탄환 장전이면 충분하리라 봅니다.

어색해진 대화 분위기를 종식시키는 마지막 필살기. 여러분이 우려하실 것 같은 문제의 도망가기 작전. 뭐 대화 도중에 냅다 뛰는 게 무슨 영어 수업이냐 체육 수업이지 하시겠지만, 헤어질 때도 뭔가 세련된 영어와 매너가 필요한 것이죠. 그래야 또 만나지, 안 그래요? 자 배워봅시다.

Oh, it's time to go.

갈 시간이네. 시계를 보며 시간이 유수와 같음에 놀라는 척 하는 약간의 연기력이 필요하지만, 여러분들은 잘 하실 거예요.

I have to go now.

가야 되겠어요. have to를 [햅터]라 발음해주는 것이 좋겠습니다.

I will see you later.

또 봬요. will 발음 너무 크게 하지 않도록 하며, see는 [씌], later는 [을레이럴]이라는 발음이 나도록 해주시고요.

한 번에 세 문장이 쏟아져 나왔으면 합니다. Oh, it's time to go. I have to go now. I will see you later. Bye.

잘 하셨죠? 많이 연습해 두세요.

화제를 바꾸거나 대화를 마무리할 때 꺼내보는
맛보기노트 6

- **Let me introduce you. This is my friend, ---.**
  소개할게요. 이 쪽은 내 친구 ---입니다.

- **How is/was your ---?**
  당신의 ---은 어떠신가요/어떠셨어요?

- **Oh, it's time to go.**
  갈 시간이네요.

- **I have to go now.**
  가야 되겠어요.

- **I will see you later.**
  또 봬요.

memo

원어민처럼
발음하기

본격적인 '한 시간 동안 영어 수다쟁이 되기' 단원에 들어가기에 앞서, 우리들의 몇 십 년 동안 굳건히 굳어있는 우리 고유의 토속적 발음을 잡아나가는 시간이 필요하겠습니다. 완전한 미국식 발음으로 바꾸겠다는 노력은 어릴 적부터 미국 본토에서 십 수 년 이상 지내온 사람들 외에는 거의 불가능한 일입니다. 완벽한 발음 교정을 위해 자녀들 혀 수술을 시킨다는 말에 혀가 차지기도 하더군요. 미국 사람하고 똑같이 되진 않더라도, 우리가 잘 못해내는 부분 발음들을 연습하고 또 상대가 알아듣는지 느껴 고칠 수만 있다면, 그게 영어회화의 해답일 겁니다. 영어 하는 중국, 일본, 유럽 사람들을 만나면 그 사람들 특유의 억양이나 발음이 엄연히 존재합니다. 더욱이, '저런 못 알아들을 영어로 어떻게 미국 생활을 하거나 친구들을 만들지?'라는 생각을 가지다가, 그 사람들이 미국 사람들과 웃고 떠드는 모습을 보면 놀랍기도 하지요. 거기에, 훨씬 나을 거라 믿었던 내 영어가 미국 사람들로부터, Excuse me? I don't understand.이라는 대답을 받아낸 상황이라면, 실망, 자괴, 회한, 상실, 무력, 향수, 피곤, 졸음 등 온갖 나쁜 감정들이 밀려온다는 점이 슬프죠.

우리 인정할 거는 인정합시다. 잘 안 되는 영어 발음이 우리 한국 사람들에게 많다는 것 이해하며, 이로 인해 상대와 대화가 되지 않은 경우가 있을 수 있으니 겸허히 부분부분 익히도록 하는 자세, 이게 바로 영어 수다쟁이가 될 수 있는 지름길이 아닌가 생각해 봅니다.

앗, 제가 너무 심각한 이야기를 하고 있었군요. 심각이나 냉철, 점잖음, 뭐 이런 쪽으로는 전혀 인척 관계가 없는 사람인데, 안 되는 거 억지로 하니까 제가 이상하네요. 여러분 시작합니다. 부분 발음 긴급 교정! 와와와.

A [애]와 E [에]

입을 얼마나 찢느냐(!)와 관련 있는 발음 구분인데, 국어와 마찬가지로 [애]의 발음의 경우 입이 좌우로 쫙 찢어지는 묘기를 보여주시면 됩니다. 입 꼬리를 귀까지 걸친다는 기분으로. 첫 득녀에 성공한 그 기분! 성격이 내성적이거나 얌전한 분들, 혹은 방금 막 턱교정 수술을 끝내고 오신 분들이 특히 약한 [애] 발음이네요. 더 찢으세요, 더 적극적으로. '나쁜-bad'와 '침대-bed'의 발음 차이를 한번 느껴 보세요. '나쁜'은 [배애앤], '침대'는 [벧]. apple은 [애애쁘오], angle은 [애앵그우]라 소리 내어야 합니다. 참, 우리들이 많이 서투른 단어 중 하나인 well은 [웰]로 소리내기보다 입을 크게 벌리지 않은 [워 을]로 소리내는 것이 좋겠다는 해설 다시 드립니다.

B [브]와 V [브]

영어를 가르치다 보면 가끔 우리 어릴 적 꿈과 희망이었던 로보트 태권브이가 미워질 때가 있죠. 왜 v를 '브이'라고 각인시켜 놓아 우리 영어를 콩글리쉬로 만들어 놓았단 말인지. 설명하자면, b와 v의 발음상의 차이는 v가 바람 새는 소리가 약간 들려야 한다는 것 이외에 전혀 없습니다. v의 발음, 앞니 두 개를 아랫 입술에 살짝 대며 가볍게 발음합니다. [비]. base도 [베이스]고 vase도 [베이스]인데, 차이는 후자를 발음할 때 약간의 들쥐 얼굴 형상으로 발음해야 한다는 것. 연습 한 번 더 해보시겠습니까잉? biba, biva, viba, viva. 요 네 가지. v 발음에서 아랫 입술과 윗니가 닿았다면 여러분은 100점! 안 되면 되게 하랏!

C [쓰]와 S [쓰]

영어에는 우리 말 중 '스'에 해당하는 발음이 없습니다. Sunday는 [썬데이]요 Cinderella는 [씬더럴라], Vitamin-C는 [바이라민 씩]가 되어야 하는데, 우리의 발음은 이런 경우 쌍시옷의 발음보다는 단순한 시옷으로 소리가 나기 쉬운 관계로, [선데이], [신데렐라], [바이라민 시], 혹은 [쉰데렐라]로 소리내어 그 청순한 아가씨를 할머니쯤으로 느끼게 하는 발음도 들립니다. 영어의 c와 s는 상당히 괄약근에 힘을 주는 포스가 필요한데, 여러분이 즐겨 쓰시는 (아니라고요?) 국어의 대표적인 욕지거리를 할 때 쓰는 그 쌍시옷을 사용하시면 조금도 틀리지 않습니다. 네. 연습하시겠어요? sing a song[씽어쏭], Cyber[싸이벌], Oran-C[오란씨], success[썩쎗으]. 김부장님, 너무 힘 주시면 듣는 사람 무서워요. 인상 쓰지 말고요.

D [디]와 T [티]

왜 미국 헐리웃 영화에서 들리는 영어 발음은 dragon을 [즈래애건]으로, train을 [츠래인]으로, dry tree를 [즈롸이츠리이]로 하는 걸까요? 중학교 국문법에서 배웠던, (기억력도 좋아 글쎄) 구개음화라 했던 [ㄷ]을 [ㅈ]으로, [ㅌ]을 [ㅊ]으로 변화시킨 발음 변화가 생각나고, 음성 발음이 사회가 변하면 같이 변해간다는 어느 언어학자의 울부짖음도 여기에 해당되는 것 같습니다. 왜 있잖아요. 사회가 점점 더 각박해져 갈수록 쌍기역, 쌍시옷 등의 경음이 발달되는데, 욕설 등에 가미되어 듣는 사람이 더 열받게 만드는 그 발음들이 여기에 해당되는 것도 같습니다. 영어도 마찬가지죠. skirt가 더 이상 [스커트]가 아닌 [스껕], student도 [스따우든트], speaker 역시 [스뻬이컬]이 더 일반적인 발음이라는 현 추세. 어-, 옆으로 샌 느낌입니다만, 대세를 따라야 하지 않겠어요? 속옷 광고에 나오는 try는 [츄라이], driving을 [즈라이v빙]이라 소리내는 것이 옳은 줄 아뢰오.

P [프]와 F [프]

우리에게 알레르기 반응을 자주 유발하는 수학 등식으로 설명해도 괜찮으시다면, B : V = P : F입니다. 앞서 b와 v의 차이의 설명에서 일러드린 대로, p의 발음은 국어의 [ㅍ]의 발음과 추호의 다름이 없지만서도, f는 v와 마찬가지로 윗니가 아랫 입술을 살포시, 지긋하게, 부드러이 덮치는(!) 그런 형태를 연출해 주시면서, 함께 한번 해봅시다. [프]! 천천히 하라니깐요. 침 튀잖애. 상대방 내일 아침에 볼에 버짐 껴요. 연습 발음입니다. 신경 써서 잘 해보세요. paper[페이펄], fiber[f콰이벌], bravo[브라v보],

fabric[f패애브릭], five[f파입v], pipe[파입], favorite[f페이v보우륏], buffet[버f페]. 어때요, 잘 되셨나요? 너무 아랫 입술을 세게 물고 연습하다 피멍을 남기는 일이 없도록 해주시구요. 다른 모든 것처럼 천천히, 자주 연습하면 금세 우리 입에 익숙해지죠.

G [쥐]와 J [즈]와 Z [스]

국어에 [ㅈ]에 해당되거나 유사한 발음이 영어에는 세 가지가 있는데, 그 중 g와 z는 우리 나라 사람들에게 가장 두통을 주는 소리들 중의 하나입니다. 미국에 사는 교포들 중에서도 이 발음이 도통 통하지 않아 먹고 싶은 것도 못 먹고 가고 싶은 곳도 못 가는 경우를 몇 차례 보았는데요. 앞에서도 잠시 연습했었던 한국인들이 발음하기 어려운 음식, pizza[핏ㅈ싸]와 sausage[싸씨쥐]가 그 중 가장 강력한 사례이며, zebra[ㅈ시브롸]가 사는 zoo[ㅈ수우]라는 장소 또한 가고 싶어도 말하기 꺼려지는 곳이죠. 발음하기 어렵고 상대가 못 알아들으니깐! j의 발음은 우리말의 [ㅈ]과 아주 같으니 설명이 필요 없죠. 그러나, g의 발음은 옆에서 본다면 항상 '주둥이'가 각자의 코의 높이만큼 튀어나와야 한다는 걸 기억해주세요. 코가 낮은 사람은 어떡하냐고요? 저도 모르겠거든요. 또, z의 발음은? 다같이 혀를 아랫니 뒤에 놓고 위아랫니를 약간 띄워서, 전기 감전된 소리를 냅니다. [즈(스)으으으…] 특히 여성분들이 못하는 경우를 간혹 보는데, 정 안 되면 우리 발음의 [즈으으으…]보다는 [스으으으…]가 더 원음에 가깝다는 사실을 알아두십시오. zero를 [제로]로 소리내는 것보다 [스에로]라 발음하면 더 잘 알아듣는다는 사실. 마징가 제트의 Z[제트]는 더 이상 [제트]가 아닌 [스의이]이어야 한다는 것, 뼈저리게 느껴봅시다. 다시 한번 정리요. June

은 그냥 쉬운 [주운], sponge는 [스판쥐이], zoro는 [즈스오로]로 가면 되겠어요. 구분이 잘 되시나요? Good luck!

H [흐]와 Wh [으]

"오빠, 이번 성탄은 화이트 크리스마스였으면 좋겠다."라고 말하는 여자친구에게 영어 발음 교육을 시킬 수 있는 지성파 남친이 되려면(지적해 주다 자존심을 건드려 관계가 깨지건 말건), 영어의 wh 발음이 [흐]이 아닌 [으]으로 시작해야 옳다는 걸 알아야 한다는 말씀. 왜 what[우왓]이 [홧]이어야 하는지, where[우에얼]이 [훼어]가 되는지, 그 로맨틱한 White Christmas[와잇크뤼스머스]가 [화이트 크리스마스]로 변했는지, 당장 주동자를 찾아 헤매고 싶은 생각이 간절하지만 바쁜 관계로 행동으로 옮기진 못하구요. 여러분, who 계열의 단어들만 빼놓고 wh로 시작하는 단어의 발음은 반드시 [우·]로 시작해야 한답니다. when은 [웬], why는 [와이]. [휀]이나 [화이]는 가랏!

L [을ㄹ]과 R [우ㄹ]

지금껏 진도 분 중 가장 많이 강조하고 반복해도 전혀 지나치지 않아서 이젠 잔소리하는 저마저도 지겨워지는 그 두 발음의 구분. 다시 한번 정리해 드립니다. l의 발음은 이 발음을 지날 때마다 언제나 혀가 입천장을 한 번 닿고 가거나 잠시 머물러야 한다는 의무! 그러려면, l 발음 바로 직전에 '을'이라는 소리를 의식적으로 내주는 센스가 필요할 텐데요. 한번 해 보세요. language[을랭귀이쥐], lemon[을레몬] lesson[을레슨]. 아무리 자신 있는 발음이라도 일부러 [을]을 큰 소리로 냅시다. 정확한 발음이 될 거예요. 다음은, r자의 소리. 반드시 입을 모아 혀가 입천장에 닿지 않도록 최선을 다하실 것. 그렇담 hurry와 같은 단어에서는 [허리]가 아닌 [헐위]가 되어야 할 것이며, sorry는 [쏘리]가 아닌 [쏠위]가 된다는 것입니다. r 부분의 발음에서 입을 모아 혀를 작게 말았다는 증거죠? r 발음이 단어의 앞부분에 있다면 여러분은 한 명의 에로배우로 변신하셔야 합니다. 다 같이 입을 모아 [우…] reason은 [우뤼슨], reply는 [우뤼플라이], relax는 [우뤼을랙스]. 상당히 무리가 있어도 보이는 우리말 표기지만, 국어의 [ㄹ] 발음이 단순히 하나임을 감안할 때 l과 r의 발음은 [을…]과 [우르…]로 항상 시작해 주셔야 한다는 거죠. 더 확실한 구분을 위해 다음을 비교해 발음해 보세요. Light[을라잇]과 right[우롸잇], left and right[을레프탠우롸잇], lips[을립스]와 ribs[우륍스]. 어떠세요, 조금 어렵긴 하죠? 그러나 신경 많이 써야 하는 발음임에 다시 짚었습니다.

K [크]와 Qu [쿠]

k는 우리 말의 [크] 발음과 다름이 없어서 어려울 게 하나도 없습니다만, 우리 일상에 생각보다 많이 쓰이는 qu- 발음은 반드시 한번 잡아봐야 한다는 사명감이 불타오릅니다. Quick Service를 [퀵서비스]라 발음하는 사람들이 우리 나라에 아마 90%가 넘을 거라는 확인할 수 없는 데이터를 떨면서 내놓으며, quick을 [퀵]이라 발음한다면 미국인들 대부분은 '발로 차주는 신 서비스 업종인가?'라 생각할지도 모를 일이죠. quick이 kick으로 들린다는 야그죠. 여러분, quick의 정확한 발음은 [쿠읶]입니다. Quick Service는 [쿠읶설비스], 우리 곁에 많이 존재하며 사시는 공주암 환자분

들의 업그레이드 호칭인 queen은 [쿠인](퀸, 싫어!), 제가 출연하면 5초만에 탈락할 것 같은 '퀴즈가 쪼아'의 quiz는 [쿠이스](퀴즈, 안 돼)가 되어야 한다는 말씀입니다. 저의 미국 유학 시절, 모 명문대 영문과 출신 한국 유학생이 재시험을 교수에게 부탁하는 과정에서 "어 퀴즈 포 넥스트위크"라 여러 번 부르짖다가 결국 제 도움을 받아 겨우 의사소통이 되었다는 이야기도 있죠. 제 자랑을 가끔 너무 티나게 하네요. 죄송해요. 제가 왜 그럴까요? 제가 좋아하는 개그맨 박성호씨가 2-1 마을버스에서 뛰어내린다는 육봉달 선생에게 하는 대사가 생각나네요. "왜 그러세요. 안 그러셨잖아아아요." 험험. 암튼 qu-의 발음은 뭐라구요? [쿠ㅓ]라고 정확히 해주셔야 해요. 꼭요.

Th-

영어 좀 하시는 분들도 이 th 발음 때문에 애를 먹는 분들 많습니다. 아무리 미국 사람들과 비슷하게 하려고 몸부림을 쳐봐도 우리의 입 밖으로 소리 나는 건 된장 냄새 구수한 영원한 나의 친구 콩글리쉬. 이 발음의 비결은 의외로 별다른 것 없습니다. this는 [디스]로, mother은 [마덜]로, three는 [쓰리]르, month는 [먼쓰]로 소리 내시되, th 부분에서 혀 끝의 1cm 정도만 입 박으로 빼내어 발음해주실 것. 처음엔 많이 어색하지만 과감하게 천천히 해보세요. 담배 사면서 "디스 주세요."하며 혀를 너무 많이 내밀어서 시비가 붙을 경우에는 제가 책임을 못 집니다만, mother[마덜]이 혀가 제대로 나오지 않은 경우 murder[머덜](살인)이라는 기막힌 오해가 생길 수 있다는 것도 상기해 주시구요. th 발음이 하나밖에 없음에도 불구하고 단어 음절마다 혀를 뺐다 무는 살모사형 학생분들, 혀 깨물기 전에 조심하시고, 특히 최 부장님, 혀 1cm만 밖으로 빼라고 했죠? 혀 길이 자랑하는 거예요 뭐예욧!

단어의 마지막 소리 처리

미국 영어 선생들이 우리 나라에 와서 영어를 가르치며 재미있어 하는 것 중의 하나가, 우리가 영어 단어 발음 시에 단어의 끝 음절까지 열심히 소리를 낸다는 것인데요. 가령, but을 [버뜨], sand을 [쌘드], bulb을 [벌브]([법]이 맞는데) 또 united을 [유나이티드]로 소리를 낸다는 것이죠. 특히 통상 동사의 과거형이나 완료형이라 일컫는 -ed로 마무리된 단어들을 십중팔구 [-드], [-트]라 마지막까지 최선을 다하는 모습이 보인다는 이 말씀입니다. 하지만 여러분, 영어 단어의 끝 소리는 그냥 속으로만 하셔야 합니다. 너무나 소리 내고 싶어도 그냥 목구멍 속으로 삼켜버리세요. learned는 [을런], walked는 [워억], cooked는 [쿠어억]이라 발음해도 아무런 지장이 없고 오히려 더 원어민 발음에 가깝다는 사실. "그럼 그 동사가 과거인지, 수동인지 듣는 사람이 모를 것 같은데요?"라 질문하시는 분도 계시지만, 영어의 달인들인 미국 사람들이 다 알아서 들으실 테니까 너무 걱정 마시구요. learned가 [을런드]가 될 경우 도리어 learn do로 듣는 사람들이 더 많을 거라는 거 꼭 아셔야 해요. Frank는 [프랭크]가 아닌 [f프랭], speak는 [스삐익], bunt는 [번], hand는 [해앤]. 아셨죠. book은 [부욱크]라 하지 않고, computer를 [컴퓨터크]라 하지 않는 우리 영어가 꼭 유달리 특정 단어에게 차별적으로다가 대우를 하고 있었다는 거 알고 계셨습니까? 차별은 싫어, 공평을 원한다, 원한다!

자, 짧았지만 우리가 제일 많이 실수하거나 몰라서 의사소통에 지장을 초래할 만한 발음들을 한번 짚어 보았습니다. 각자 자신이 제일 안 되는 부분을 언제나 기억하고 다시 반복해 보는 습관이 필요하겠어요. 도저히 안 되겠다는 경우, 저에게 개인적으로 전화를 하시거나 이메일로 소주 한잔 약속을 잡아주시면 눈썹이 휘날리도록 달려나가겠다는 의지를 보여드리면서…

자, 여러분 60분 영어 수다쟁이 되기의 본격적인 연습의 장으로 넘어가 볼까요? 기대하시라, 개봉박두!

영어로 한시간 수다떨기

2. 본편

나의 애창곡에 18번이 있듯이
영어 표현에도 18번이 있습니다.
대화를 리드할 18번을
항상 입에 달고 있다면
영어의 달인은 시간 문제!

영어 수다쟁이가 되는 방법은, 첫째, 아무리 우리 앞의 상대가 영어에 자신 있는 미국인이라 할지라도 대화의 주도권을 뺏기지 않는 배짱과 카리스마가 있어야 하며, 둘째, 그러기 위해서는 그 대화 시간 동안 버틸 수 있는 무기들이 우리 입에 항시 장착되어 있어야 한다는 점을 다시 한번 볼때기 아프게 강조 드리는 바입니다. 죽어라 하십시오 여러분. 앞으로 며칠간만 필요한 문장을 따로 메모하고, 큰 소리로 외우고, 만만한 특정 대상을 정해 미친 사람처럼 시험하고 연마해 보세요. 후자는, 노래방 18번 노래의 원리와 같다고 볼 수 있습니다. 새로운 사람들의 모임에서나, 나의 이미지를 강렬히 심어줘야 하는 그런 자리에서 꺼내 들어야 하는 우리 각자의 그 노래. 가사 안 봐도 감정이 적재적소에 멋들어지게 이입되고, 이제는 그 노래를 불렀던 가수와 일대일 맞장을 떠도 전혀 꿀릴 거 없겠다는 출처 모를 자신감이 생기는 그 노래. 영어도 마찬가지입니다. 신경 써야 할 노래방 자리를 위해 몇 기의 노래를 입에 달아놓아 그날의 스타가 되듯, 며칠, 몇 주 후에 외국인과 식사, 접대, 회의가 예정되어 있다면 수십 개의 문장을 우리 입에 달아 놓으면 됩니다. 알아듣지를 못하는데 무슨 말을 하나구요? 흐흐. 한번 경험해 보세요. 자기가 던져 놓은 소재나 화두에 대한 미국인의 대답이나 설명은 놀랍게도 귀에 쏙쏙 들어온다는 사실. 그래도 안 들린다면? 앞서 배운 문장 중의 하나를 꺼내 장풍을 날립니다. **Sorry, my English is not perfect. Can you slow down?**

미국인과의 대화 시 그 자리를 이끌 만한 소재를 소개합니다. 언제나 질문은 우리가 먼저 합니다. 분위기에 뜬금없거나 생뚱맞은 질문이 될 수도 있지만 상관없습니다. 전혀 대화에 참여 못하는 '꿔다 놓은 보릿자루' 보다 한 500배쯤 나을 테니까요. 준비되셨죠?

이름에 관해 묻고 답하기

What's your name?이라는 질문은 우리가 어릴 적부터 귀에 못이 박히도록 들어왔던 질문이라 My name is Kim, Dongsoo.라는 대답이 금세 나오죠. 그러나 실제 상황에서 상대에게 "당신 이름이 뭐야?"라고 묻는 경우는 거의 없습니다. 자리를 같이 하기 전, 벌써 인사를 나눈 경우가 많은데다가, 예전에 한번 만났던 경우도 많고, 또 실제로 같이 식사를 하거나 접대를 하며 새삼스럽게 이름을 다시 물어야겠어요? 분위기 왕 썰렁해지게시리.

이름을 잊었거나 다시 물어봐야 할 때는 What can I call you?[왓큰 아이코을유] 제가 당신을 어떻게 불러야 할까요?가 좋겠어요. 보통 미국 사람들은 자신의 first name을 불러주기를 원합니다. 친구처럼 지내자는 얘긴데, 80살 먹은 할아버지도 10대 손자뻘 되는 아이로부터 자신의 이름, 즉

David, John이라 불려도 허허 웃는 사회. 이거 미국이란 나라는 말이죠, 어린 사람들에게 천국이요, 나이 들면 점점 불리한 상황이 자꾸 벌어지겠네요. 늙어 미국에서 살지 말아야지. 뭐야? 쪼그만 놈들이 어른 이름이나 부르고 말이야.

또 이야기가 샜군요. 미국 사람들이 우리에게 이름을 물을 경우, 우리가 대답해야 할 문장이 단지 My name is Kim, Dongsoo.로 끝나면 안 될 이유가 있습니다. 만약 우리가 어느 아프리카 사람에게 이름을 물을 경우, 그 사람이 My name is 꽁떼말라삐도나까나이떼.라고 말했다면 듣는 우리가 얼마나 난감하겠어요? 우리 나라 이름들도 미국 사람들에게 마찬가지예요. 약간의 부가 설명이 필요하지 않을까요? 우리들의 이름을 가르쳐 주거나 소개할 때 반드시 다음 문장들이 연속으로 나오도록 연습하십시닷!

My name is ---.

내 이름은 ---입니다. 김동수냐 동수킴이냐의 선택에 꽤 오랜 고민에 휩싸여 계신 여러분, 요거 별 문제 아닙니다. 어차피 한국을 잘 모르는 미국인들은 "어떻게 불러드릴깝쇼?"류의 질문이 따라 날아오게 되어 있으니 성과 이름의 순서에 너무 연연하지 맙시다. 답답한 사람이 먼저 질문하겠죠 뭐. is의 발음은 너무 [이즈]라고 하지 말아주세요. z 발음이라 아예 [스]라 소리 나면 더 낫게 들립니다. 꼭요.

I have an English name too.

난 영어 이름도 있다오. 이 문장에서 우리가 짚고 넘어 가야 할 부분은 I have … 다음에 약간 쉬었다가 … an English name이 따라 나오게 발음하는 사람이 많다는 점입니다. 심지어는 [아이해부, 언잉글리쉬네임]이라 말해서 상대가 어리둥절해 하기도 하는데요. '해부'는 배를 갈라 내장을 살펴보는 의학 행위이지, have를 발음하는 소리가 아니죠. [해vㅂ]라 소리 나야 하며, 다음 단어인 an과 부드럽게 이어져야 합니다. I have an American friend.[아이해v 버너메어루컨f프렌] 등으로 연습을 해보세요. [해버너메어뤼컨]으로 소리내는 부분, 잘 익히길 바랍니다.

It's ---.

그것은 ---죠 다들 영어 이름 하나씩은 갖고 계신가요? 인터넷에서 영어 이름을 찾아 마음에 드는 것을 고르거나, 자신의 이름 첫 철자와 같은 이니셜을 적용해 짓는 분, 종교 세례명을 그대로 사용하시는 분들도 많으시죠. 또 한국 이름이 발음하기 쉽다면, 혹은 자신의 이름에 혹독한 프라이드를 갖고 있다면 그냥 그것으로 불러달라 해도 괜찮겠어요. beauty라든지 handsome, smart 등으로 결정하겠다 하여 국제 왕따가 되지 않기를 바라면서.^^

Please call me that if you want.

원하시면 그렇게 불러주소. if you want의 쓰임새를 강조합니다. '당신이 원하신다면'의 뜻인데, 일상 생활 영어에서 많이 들으실 수 있는 Can/May I ---? 로 이어지는 질문에 yes의 대용으로 사용해 보세요. Can I do this? May I use it?으로 상대가 우리의 허락을 물어올 때 Yes, you can. Sure, you may. 대신 If you want.으로 대답하면 휘얼 멋있게 들리는 경우가 있습니다. 애용해 보세요.

My name is ---.로 이름을 소개했던 실력에서 이젠 자신의 이름을 이렇게 네 문장으로 멋들어지게 소개하는 사람, 국내에 몇 명이나 있을까요? 앞의 네 문장 완전히 잡아 먹어 버립시닷! 꾸울걱.

이름에 대해 얘기할 때 꺼내보는

다노트 1

- **My name is ---.**
  내 이름은 ---입니다.

- **I have an English name too.**
  난 영어 이름도 있어요.

- **It's ---.**
  그것은 ---죠.

- **Please call me that if you want.**
  원하시면 그렇게 불러주세요.

영어에 관해 묻고 답하기

상대를 칭찬하는 데에 전혀 에너지를 아끼지 않는 사람들이 또한 미국인들이기도 합니다. "너 오늘따라 유난히 예쁘다", "네 머리 어떻게 한 거니? 아름다움이 극에 달하는구나", "네 아들은 정말 잘 생겨서 눈을 못 뜨겠구나"… 물론 제가 좀 오버해서 표현하는 부분이 없지 않지만(과잉 표현과 과잉 행동이 외국어 하는 데 꼭 필요한 요소라서), 아무튼 미국인들의 칭찬을 받아본 여성분들은 더 이상 목석 같은 한국 남성들이 눈에 들어오지 않는다는 말씀으로 우리 나라 남자들의 마음에 한 파장을 일으키고 싶습니다. 좋은 말도 세 번이라는 강박 관념을 떨쳐 버립시닷! 칭찬, 이거 아무리 들어도 지나침이 없던데요.

한국에 사는 미국인들이 자주 하는 칭찬 중에 하나가 You speak English very well., Your English is so good. 또는 Where did you learn your

English? 등이 있는데, 물론 이 책을 읽고 연습을 많이 하셔서 영어에 괄목할 만한 성장을 보이실 여러분들이야 이 칭찬들이 사실일 테지만, 대부분의 경우는 '네 영어 들을 만하다.', '네 영어가 개중에 낫네.', '네 영어 중 몇 마디는 알아듣겠네.'의 의미일 수도 있으니, 그 칭찬에 너무 탄력 받아 혀 굴리고, 스피드를 터보로 올리지 마시고, 천천히, 정확히 초심을 잃지 않는 그 정신, 이게 필요한 거죠. 우리 비행기 타지 마십시다, 여러분.

영어에 대한 칭찬을 하면 우리가 할 수 있는 수다거리를 나열해 보죠. 제발, Thank you.로만 끝내지 맙시다. 어떤 분이 이 칭찬에 Thank you. I know it.이라고 하신 걸 보았는데, 저는 당시 살의가 불타올랐죠. 그것도 활활.

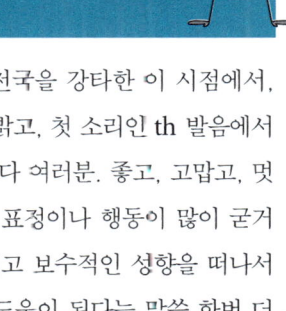

Oh! Thank you.

아, 고맙심더. 개그댄 유재석씨의 '쌩유' 발음이 전국을 강타한 이 시점에서, Thank you. 할 때의 표정과 소리가 좀 더 크고 밝고, 첫 소리인 th 발음에서도 혀가 밖으로 나와야겠다고 목놓아 울부짖습니다 여러분. 좋고, 고맙고, 멋지다는 의미의 표현 등에서 우리 나라 사람들의 표정이나 행동이 많이 굳거나 경직되어 있는 경우를 많이 보는데, 유교적이고 보수적인 성향을 떠나서 외국어가 빨리 향상되려면 큰 표정과 제스처가 도움이 된다는 말씀 한번 더 드릴게요. good은 무당이 하는 [굿]이 아닌, 입을 옆으로 찢어 웃어가며 엄지 손가락도 앞으로 내밀면서, [구우우웃]. Thanks는 단순히 [생쓰]나 [땡스]가 아닌, 웃으며 혀를 먼저 빼면서 [th뜨애앵쓰]. 연습!

But my English is not perfect.

근데 제 영어가 그저 보통 수준이라서요. 이 문장은 앞에서 연마한 거라 거저네요. 공짜다! 이 문장은 너무 많이 연습해서 능숙하게 나오지 않도록 조심하세요.^^ 간혹 '에이 잘 하는구먼, 뭘 그리 겸손 떠나?'라 반응할 수 있으니 이 부분 영어는 좀 더 천천히 또박또박 말하는 게 좋지 않을까 싶습니다. 어차피 뛰어난 연기력과 환경 설정이 미국인과 오랜 기간 대화하는 데 필요 불가결한 요소 아니겠습니까, 여러분? 때로는 비장하고 유창하게, 때로는 순진하고 조심스럽게. perfect의 발음 조심하시구요.

I have studied for --- years.

---년 공부하긴 했는데. 아랫입술을 윗니가 스쳐야 하는 have와 for의 발음을 작게 내달라 부탁드립니다. 현재 완료 용도의 have의 중요도가 그리 크지 않으므로 I've gone … 등의 문장에서 have를 '나 지금 현재 완료형 쓰고 있어' 식으로 큰 소리로 부르짖지 않아도 미국인들 다 알아 먹습니다. is나 have 등 한 문장에서 그리 큰 의미가 없는 단어에 힘 빼지 맙시다. 그리고, '… 동안에'라는 뜻을 가진 for 역시도, for three years를 너무 소리를 크게 내어 발음한다면 '43년 동안'으로 들릴 수도 있다는 경고성! 조언도 드립니다.

It is not easy at all.

당최 쉽지가 않네요. 이 문장도 많이 응용을 할 수 있는 것이니까 꼬오옥 외워두시기를. not … at all이라는, 우리가 소싯적 줄을 새까맣게 그어가며 배웠던 '전혀 …하지 않아요'라는 숙어가 보이시지요? 뭔가를 부정하는 내용을 이야기할 때 그 부정의 정도가 매우 확신에 차고 강조하고 싶다면, 문장 끝에 at all만 붙이면 되는 일입니다. 이해는 쉬우나 연습 없이 사용하기가 쉽지 않은 문법이긴 합니다. "저는 골프를 전혀 좋아하지 않아요." I don't like golf at all. "이 음식 진짜 나쁘지 않네요." This food is not bad at all. 아시겠죠? easy의 z 발음도 [시]에 가깝게 소리나는 거 다시 금 체크해주시고요.

영어에 대한 칭찬 받아내는 법, 네 문장 소화했습니다. 이 부분 역시 한 문장처럼 술술술(앗! 술이 석잔이닷!) 나와주었으면 합니다. '나 영어를 할 수는 있지만 완벽하지 않아요.'라는 말들을 미리 해놓는다면, 외국인 상대가 식사 시간 또는 회의 등 대화 장소에서 우리들에게 귀를 더 쫑긋 세우고 우리 영어를 들을 것이며 자신의 영어 또한 말하기 속도나 사용 어휘면에서 주의와 배려를 아끼지 않을 것입니다. 미리, '당신 영어 너무 어렵게 하지 마!'류의 선제 공격, 반드시 필요한 거죠, 여러분?

영어에 대해 얘기할 때 꺼내보는

수다노트 2

수다 보따리

- **But my English is not perfect.**
  근데 제 영어가 그저 보통 수준이라서요.

- **I have studied for --- years.**
  ---년 동안 공부했어요.

- **It is not easy at all.**
  당최 쉽지가 않네요.

memo

직업에 관해
묻고 답하기

이번 소재부터 제가 여러분께 간곡히 부탁 드리고 싶은 것이 하나 있습니다. 지금부터 다루는 소재에 관해서는 절대 질문을 상대방인 미국인에게 먼저, 그리고 많이 하셔야 합니다. 한 명의 취조 형사로 변해야 우리는 이 대화의 승리자 내지는 리더가 될 수 있을 터. 상대방이 내가 알고 있는 이 소재에 대해서 언젠가 물어봐줄 거라고 생각한다면 천만의 말씀, 만만의 콩떡이랍니다. 먼저 소재를 생각해 내고, 선제 질문을 던지고, 상대를 우리가 의도한 화제로 끌어 들이는 대화가 되어야 합니다. 상대에 질질질질 끌려 다니며 단답형 대답만 하다가는 소화불량 걸리기 십상입니다.

아시겠죠? 지금부터 각 장마다 나열되는 쓸만한 질문을 먼저 던진 후, 상대의 대답을 충분히 듣고 나면, 대다수의 미국인들은 How about you?(넌 어떤데?)라고 되묻는 경우가 많거든요. 그 다음엔 우리가 준비한 수다 보따리의 내용을 상대에 좔좔 풀어놓으면 되겠어요.

이번엔 직업이나 일에 대한 질문입니다. 회사 미팅이나 회의 석상에서 "당신 하시는 일이 뭐예요?"라 물어보는 건 상대가 너무 얄미워 시비 거는 경우 외에는 없겠지만, 제 경험으로는 "직업이 뭐예요?"는 "나이가 올해 몇이우?"류의 질문처럼 상대와 좀 친해졌을 때 물어봐야 옳겠어요. 웃음 없이 상대를 취조하듯—조사하면 다 나와 식으로다가—이 질문 던지면 표정 없이 호구 조사하는 동사무소 직원이 될 수도. 웃으세요, 언제나.

What do you do for a living?

뭐 해 먹고 사십니까?/ 직업이 뭐세요? for a living 부분에서 r과 l이 동시다발적으로다가 공존하고 있으니만큼 각별한 신경 씀이 필요하겠네요. [f포뤌리v빙]이 되어야지, 포러리빙, 폴러리빙, 폴릴리빙 식의 주의해야 할 유사품이 되어서는 절대로 안 되겠소이다. What do you do?와 How do you do?의 차이가 직업을 묻는 질문과 처음 만난 사이의 인사라는 것이라는 구분도 명확히 해두세요. 헷갈려서, What do you do?의 직업이 뭐냐는 상대방 질문에 What do you do?라 받아 쳐 "니 직업은 뭔데?"라고 싸움 벌이지 마시구요.^^

Where is your office located?

사무실 위치가 어디죠? be located은 일상 생활 영어에서 많이, 그것도 아주 많이 쓸 수 있는 것이니 꼬옥 입에 달아놓으시라 조언해드립니다. 발음이 l이 들어가고 -ed로 끝나는 관계로다가 우리가 틀리기 쉬운 편인데요, located을 [로케이티드]라 발음하는 분들이 많아서 그렇습니다. l 발음 앞에 [을]이라 질러!놓기, -ed는 대부분 속으로만 소리 내기, 앞서 언급했던 부분이라 기억 잘 나시는 거죠? [을로케이릳]이 되어야 합니다. 이 문장에서 located이 없어져도 '…가 어디예요?'라는 내용이 충분히 전달됩니다만, 그래도 좀 있어 보이는 영어, 그거죠!

Who do you work for?

어느 회사에 다니시나요? 저도 처음엔 사실 이 뜻이 '누구를 위해 일하냐'로 오해해서 For my family and myself.로 잘난 척 하며 대답하다가 쪽 당했던 기억이… 히히. work의 발음이 단순히 [워크]가 되어서는 안 되겠습니다. 영국에서나 호주에서 사용하는 영어가 r 발음에 있어 그리 적극적이지 않아—혀를 입안으로 말지 않아—work와 walk가 거의 비스무리하게 들리는데, 듣는 상황에서야 이야기 분위기를 파악하면 금세 구분할 수는 있는 일이지만 우리가 발음할 때는 work를 [월ㅋ]로 확실히 발음했으면 합니다.

How long have you worked there?

거기서 일한 지는 얼마나 되셨나요? How long은 [하우롱]이 아닌 [하울롱]이어야 할 것! How long have you + 동사완료형? 루의 문장인데, 동사완료형을 생각해내느라 시간을 낭비하느니, How long have you done it?[하울롱 해v뷰더닛?] 이 한 문장으로 상대 경력을 묻는 방법이 더 빠르고 좋을 듯 합니다. 대화 대부분의 경우가 이미 화제가 던져졌고 이야기가 무르익어 가고 있을 때라면 굳이 동사완료형 찾아가며 고생할 이유가 없죠. 그렇지 않아요?

자, 위 질문으로 상대방을 대충 까이꺼^^ 파악했으면 우리 자신에 대한 이야기로 수다 한번 떨어볼까요? 아래 문장 중 자신의 상황에 맞는 것들을 서너 개 이상 골라, 입에 꼭 달아 놓으시고요. 그리고 천천히, 그러나 끊임없이 이야기할 수 있도록 합시다.

I am a ---.

제 직업은 ---입니다. 자신의 직업을 영어로 뭐라 하는 지는 알고 계신 거죠? 지면 관계상 우리 주위에 존재한다는 수만 개의 직업 이름을 나열할 수 없겠다는 미량의 게으름이 가미된 변명을 드리면서… 자기 직업의 정확한 영어 표기를 알려면 인터넷에서 찾아보는 게 손쉬울 것 같습니다. 제게 전화를 주시든지요. (새벽 전화는 싫어!) 제 경험상 가장 많이 물어오시는 경우가 '가정 주부'를 어찌 영어로 불러야 하나요, housewife, 아니면 housekeeper인가요? 라는 것인데. I am a mom of two kids.[아이머맘오v투킷스](두 아이의 엄마예요.)라 자신을 소개하시는 것도 좋아 보입니다. office lady, house wife 등의 영어 표현이 일본 내음이 가득한 좀 작위적인 단어로 들릴 때가 있습니다. housekeeper는 모기약으로 들리구요, 히히 농담.

I am working for 회사명 located in 도시명.

저는 ---에 자리잡고 있는 ---에 다니고 있습니다. located이 들어간 또 하나의 문장이군요. 어느 특정한 장소를 칭할 때 그것이 위치한 곳을 부가하면 금상첨화. '동대문'을 The East Gate라 말하는 것보다 The East Gate located in central Seoul이라 하면 더 친절하고 상냥한 사람으로 거듭나지 않을까요? 아무튼, 각자의 회사명과 사무실 위치를 잘 넣어 (거꾸로 넣어, '현대에 위치한 서울에서 일합니다'라 하지 마시구요) 입에 착 달라붙어 있도록 연마!

I am running a business.

사업체를 하나 운영하고 있답니다. I am running a store/restaurant/school/hospital. 등으로 세부적으로 말씀하셔도 좋겠고, 문장 끝에 in ---을 가미해 장소를 명확히 해두어도 상대방으로부터 더 이상의 추가 질문 없게 하는 깨끗한! 소개 문장이 되겠네요. '운영하다'의 영어 동사가 run이니만큼 사업하시는 사장님들, 올해도 장래에도 번창하시도록 '오빠, 달려!'를 남자의 몸으로 외쳐드립니다. business의 발음 중 [z] 발음의 첫 s 부분을 너무 [지]처럼 하지 않도록 하고, n 부분 또한 우리 발음식인 [니]가 되는 것보다 [느이]로 하면 더 본토틱하겠습니다.

I have been working on this for last --- years.

난 지난 ---년간 이 일을 해왔다우. 현재 완료형 문법 부분인 have와 전치사 for의 소리를 너무 강하게 니며 중요치 않은 발음에 목숨 거는 우리가 되지 말자고 전 장에서 말씀드렸죠? 상기!! work on이라는 숙어가 특히 회사에서 많이 쓰이는 것임을 한번 짚고 넘어가겠습니다. "내가 생각해 볼게./ 내가 연구해 보겠어."라 큰 소리 치는 경우 I will work on it.을 쓰고, "그거 좀 알아봐."라고 부하에게 명령하는 경우 Work on it.이라 한다면 각 문장을 직역해 영어로 말하는 것보다 훨씬 부드럽게 들리겠습니다.

Work keeps me busy and tired.

일이 바쁘고 고단하네요. 일 엄살 떨며 자신이 얼마나 힘든 삶을 살고 있는지 울부짖으며 호소할 수 있는, 상대로부터의 동정 구매 용이성 문장 1호. busy의 [z] 발음과 tired의 끝 발음 안 내기의 강조에 이제 입이 슬슬 아파오기 시작하네요. 꼭 주의하시고요. keep(s) me ---와 make(s) me ---를 연습해 보기로 합니다. "우리 아이들이 날 행복하게 만들죠." My kids make me happy. "나의 차가 날 우울하게 만듭니다." My car makes me upset. "월요일마다 짜증나 죽겠어요." Mondays make me crazy. 어때요? 할 만 하신가요?

But I like what I do.

그래도 난 내가 하는 일에 만족한답니다. what I do라는 구가 입에서 자연스레 흘러 나온다면 좋겠습니다. what you do, what I like, what I want, what I study … 등으로 쉽게 변형, 응용할 수 있기 때문이죠. my job이라는 말보다 what I do가 더 있어 뵈는 영어로 들리기도 하고요. 바로 전 문장이 세상 염세적으로 사는 사람의 푸념으로 들려 상대방에 심어질 이미지가 쬐끔 걱정되거든요. 결론은 긍정적이고 환한 내용으로 마무리하심이 어떠하실지 아룁니다.

지금껏 재미있으셨나요? 문장들 더 없냐구요? 에이, 이것만이라도 정확히 하세요. 처음이라 욕심이 생겨 많은 문장 외우고 싶은 심정은 이해하지만, 앞으로 갈고 닦을 소재며 문장이 태산이니까요. 많은 문장 외우는 것보다 자신만의 문장을 가뿐차게 풀어내는 그것, 그게 바로 영어 말하기의 비결이랍니다!

직업에 대해 얘기할 때 꺼내보는
수다노트 3

- **What do you do for a living?**
  직업이 어떻게 되십니까?

- **Where is your office located?**
  사무실 위치가 어디죠?

- **Who do you work for?**
  어느 회사에 다니시나요?

- **How long have you worked there?**
  거기서 일한 지는 얼마나 되셨나요?

- **I am a ---.**
  제 직업은 ---입니다.

- **I am working for** 회사명 **located in** 도시명.
  저는 ---에 자리잡고 있는 ---에 다니고 있습니다.

- **I am running a business.**
  사업체를 하나 운영하고 있습니다.

- **I have been working on this for last --- years.**
  난 지난 ---년간 이 일을 해왔어요.

- **Work keeps me busy and tired.**
  일이 바쁘고 고단하네요.

- **But I like what I do.**
  그래도 난 내가 하는 일에 만족합니다.

가족에 관해 묻고 답하기

미국인들은 가정적인 사람들이 많습니다. 사회에 진출하여 각자 전문직에 종사하는 여성들이 많아 가사와 육아를 나누어 돌보는 일이 보편적인 일이 되었습니다만, 덩치 큰 미국 아주머니들을 보면 남편들이 물리적인 힘에 의해서 가정적이 되었을 것이라는 의구심이 드는 이유가 뭘까요? 언제나 삐딱선을 타는 이 머릿속을 어떻게 좀 세척하는 법을 가르쳐주시는 분께 이 책 한 권을 공짜로 드리죠.

좌우지간, 한국에서 만나는 미국인들은 대다수 자신의 가족들과 단기간이건 장기간이건 떨어져 사는 사람들이 많은데, 자신의 가족에 대해 물어봐주고 관심을 가져주는 사람들을 좋아합니다. 권위적이고 우월해 보이기 좋아하는 우리 조국의 대다수 남성들이 이해하기가 조금은 쉽지 않은 이야기가 될 수 있습니다만, 어쨌든 가정의 평화와 육신의 안녕을 위해 우리 남성들이 배워야 할 점이라고 생각합니다. 한국에 사는 미국인들에게 밤늦게까지 술 먹자 꼬드기는 일이 결코 남자답거나 멋있게 보이는 일이 아니라는 걸 느낀 지가 얼마 되지 않으니, 저도 철이 좀 늦게 난 편이죠. 한국 남성들이여, 우리 귀가 시간도 좀 앞당기고 설거지, 청소도 돕고 아이들도 잘 보고 그럽시다. 너나 잘 하라고요? 네.

자, 가족에 대한 대화에 쓸 질문과 수다거리 대령합니다.

How is your family?

가족 분들은 어떤가요? 이미 앞에서 발음과 문장 쓰임새를 연습했던 차라 이제는 그리 걱정하지 않고 여러분께 맡겨놓을게요. 잘 하실 수 있는 거죠? 네? 네? 대답이 없지만, 나는 모른 척 그냥 고고!

You must be missing your family.

가족들 보고 싶겠어요. 한동안 가족과 떨어져 있는 상대방에게 위로가 되는 좋은 문장으로 강추입니다. must be는 100% 자신 있게 추측할 수 있는 경우에, may be는 50% 정도의 맞으면 좋고 아니어도 그만인 추측의 경우에 쓴답니다. 멀리 떨어진 가족들 보고 싶어하지 않을 사람 없을 테니 과감히 must be를 쓰자는 야그죠. 비교하며 연습 하나 해볼까요? "그것은 분명 틀렸어."와 "그것은 아마 틀린 것 같은데."의 차이. It must be wrong.과 It may be wrong.이니, 이제 이 두 조동사의 차이, 잘 아셨죠? must는 너무

[머스트]로 소리 나지 말 것과 family가 [훼미리], [패미리]가 되면 안 된다는 말씀 다시 강조합니다.

Are you married?

기혼이신가요? married의 발음 주의! [매리드]가 아닌 [메어륃]이 되도록 신경 씁니다. 반대 말로 not married나 single[씽그어], divorced[디v볼스] 등이 있겠지만 '댁 총각이우?' 내지는 '당신 이혼하셨수?'라 묻는 거 바람직하지 않은지라. 주로 손가락에 꼭 낀 반지를 보고 이 질문을 던진다고 하는데, 손가락 답답하다며 남자 체면에 반지는 무슨…이라 여기는 우리 나라 남성 여러분에게는 그다지 많이 물어볼 질문 같진 않습니다만.

How long have you been married?

결혼한 지 얼마나 되셨드랬어요? How long have you been ---?의 문장을 일상에서 자주 쓰는 문장으로 추천합니다. 분사나 형용사를 넣어 연습해 보세요. waiting, sleeping, working, interested, gone, drunk 을 넣어 연습해 보면 주위에서 사용할 곳이 많다는 걸 느끼실 거예요. 결혼 3개월에 신혼 끝, 1년 만에 권태기에, 2년부터는 정으로 살아간다는 신세대 부부 트렌드에, 결혼 20, 30년 되는 여러 선배님들의 인생이 귀감이 되기를 바라면서. 너나 잘 하라고요? 또요? 네.

How old are your children now?

아이들 나이는 어떻게 되았구요? 위 국어 발음 표기가 좀 엽기발랄스럽지만 실제로 그렇게 소리 난답니다. child의 복수는 *childs*가 전혀 아니라는 말씀 또한 곁들이면서. 사실 영어 대화에서 아이들 나이 빼고는 그리 나이를 물어볼 경우가 없기에, 이 문장 그냥 통째로 외워버리시기를 바랍니다. 제발 상대방에게, 더욱이 여자분이라면 더더욱, 나이 물어보는 만행을 저지르지 말아주세요. 나이는 숫자일 뿐이랍니다. 서열 정해서 뭐해요? 인간 됨됨이가 문제지. 저 몇 살이냐고요? 먹을 만큼 먹었거든요.

What activities are your children in?

아이들이 무슨 특기생활을 하나요? 운동이나 음악, 체육 같은 과외 특기 활동을 묻는 질문입니다. … activities are … 부분이 부드러운 연음으로 흐르도록 연습하시길 바랍니다. 방과 후에 피나는(!) 과외 활동이 요사이 미국에서도 대단한데요. 치맛바람을 마구 휘날리는 어머니들이 soccer mom이라 불리우며 오늘도 내일도 열심히 자녀 교육을 위해 뛰어다니는 걸 보면, 동서고금을 막론하고 얼라들을 위한 부모의 마음은 다를 것이 없어 보입니다.

What does your family like to do together?

가족이 함께 무엇 하기를 좋아하시나요? 문장 중간 부위에 l 발음으로 점철된 부분이 보이시죠? 혀에 힘을 주어 곧추 세우고 발음해 주시기를. 가족 활동과 모임을 최우선 행사로 여기는 미국인들에게서 이 질문에 대한 답이 아마 폭포수처럼 쏟아지리라 기대합니다. 우리처럼야 신나고 흥미진진한—뭐 가끔 얼굴 붉혀 사이 갈라지기도 하지만—고스톱 같은 패밀리 게임이 존재하진 않습니다만, 그런대로 그들도 그들끼리 재미있게 지내죠.

다시, 위 문장 중 적어도 서너 개의 질문은 입에서 술술 나올 수 있도록 큰 소리로 떠들며 외워야 합니다. 눈으로 보고 외운 질문은 상대 앞에서 절대로 원하는 만큼 활용이 안 됩니다. 큰 소리로. 목청아 터져라!

I have been married for --- years.

결혼한 지 ---년 되었구요. 다시 경고를 드리자면, 숫자 앞의 for를 너무 크게 소리내면 마치 결혼한 지 40 몇 년 된 노인처럼 들릴 수 있으니, 작게, 작게. 가족 소개 시에 가장 폴두가 될 수 있는 문장이니, 꺼끗하고 부드럽게 (소주 광고 같군요) 표현될 수 있도록 해주세요. 결혼 못한 김대리 같은 독자 분들은 소외감 느낄 만한 문장이겠으나, 뭐 굳이 원하신다면 I have been single for 38 years.라도 연습하실이… 헤헤 농담.

My husband is working for ---.

제 남편은 --- 회사에서 근무합니다. 앞에서 배운 것처럼, My husband is running a business. 내지는 My husband is a ---. 하셔도 좋겠네요. 거꾸로 My wife is a ---.도 곁들여 연습해 주시구요. 싱글이신 김대리님은 아버지 어머니 직업으로 대체할 아량과 여유를 보여주세요. is가 그리 크게 중요한 단어가 아닌만큼 너무 이!즈!라 힘줘 발음하지 않기로 한 거 기억하시죠? 내 남편은 삼성에서 일하고 있!어!요! 라 말하는 걸로 들려 오래 일 쉬셨다 다시 하는 걸로 들릴 수도 있음.^^

I have a son --- years old and a daughter ---.

---살 된 아들과 ---살 된 딸이 있죠. daughter의 발음은 우리가 약한 것들 중의 하나인데, [도터], [도를]이라며 입 모양을 소극적으로 하는 경우 매우 이해하기 힘든 낱말이 되어버립니다. 입안을 크게 벌리되 입술은 작은 모양으로 시작해서 [더-럴]이라 정확히 해주세요. 앞에서의 [우와럴](water)과 비슷한 원리죠? 각자 상황에 따라 two sons --- and --- years old[투썬스---앤---이얼스오올드]도 잘 끼워 응용해 보세요. two daughters[투더럴스]도 마찬가지. 자녀가 세 분 이상이시라고요? 부부 사이가 퍽 좋으셨군요 흐흐.

My kids are elementary(high) school students.

우리 애들은 초등(중고등)학생들이고요. elementary처럼 어렵고 긴 발음은 그냥 휙 [엘리멘츄뤼]라 빨리 소리 내어 버리시라는 약간 사이비 같은 코치를 드립니다. school이나 student는 우리가 중학생 때부터 주구장창 배워 익혀왔던 단어임에도 불구하고 너무 발음 기호에 연연했던 관계로다가 [스쿠우], [스띠우든]이라 다시 교정잡아드리는 바입니다. 고치셔요. 늦었다 생각할 때가 가장 이른 때라고 누가 그랬다잖아요? 어느 뻔뻔한 지각대장이 그랬을까?

I have a happy family and I am the lucky one.

행복한 가정이 있어서 제가 참 복 받은 사람이죠. 위 happy와 lucky에서 약간 무리스러운 한글 발음 표기로 보일 수 있지만, 쓰인대로 반복해서 연습해 보세요. 상대방에게 훨씬 나은 이해를 시킬 수 있을 겁니다.

가족에 대한 대화를 위한 수다거리는 다섯 문장 준비했네요. 격렬히 연습하고 차분히 실전에 임하는 자세. 문장을 연줄해서 말하지 않으면 문장 사이사이 상대가 끼어드는 상황이 벌어질 수 있으므로, 연극 대사 외우듯 대사 끊기지 않도록 많이 연습하세요. 큰 소리로 하고 계신 거죠? 맞죠, 여러분?

가족에 대해 얘기할 때 꺼내보는

다노트 4

쓸만한 질문

- How is your family? 가족 분들은 어떤가요?
- You must be missing your family. 가족들 보고 싶겠어요.
- Are you married? 결혼하셨나요?
- How long have you been married? 결혼한 지 얼마나 되셨어요?
- How old are your children now? 아이들 나이는 어떻게 되었구요?
- What activities are your children in?
  아이들이 무슨 특기생활을 하나요?
- What does your family like to do together?
  가족이 함께 무엇 하기를 좋아하시나요?

수다 보따리

- I have been married for --- years.
  결혼한 지 ---년 되었구요.
- My husband is working for ---.
  제 남편은 --- 회사에서 근무합니다.
- I have a son --- years old and a daughter ---.
  ---살 된 아들과 ---살 된 딸이 있죠.
- My kids are elementary(high) school students.
  우리 애들은 초등(중고등)학생들이고요.
- I have a happy family and I am the lucky one.
  행복한 가정이 있어서 제가 참 복 받은 사람이죠.

수다 소재 ❺

고향에 관해 묻고 답하기

이번에는 마주 앉아있는 미국인의 태어난 곳과 살고 있는 곳에 대해 물어보는 대화로 넘어가 봅시다. 51개 주로 구성되어 있는 미국, 우리 한국에 비교하면 몇 십 배가 넘는 크기이기도 하고, 웬만한 주들은 한반도와 맞먹는 면적들을 갖고 있어서, Where are you from?이라는 질문에 대다수의 미국인들은 Washington State in America., San Francisco, California in the US.라며 각자 사는 도시와 주를 대답하죠. 그곳이 어디인지, 무엇으로 유명한지, 당신이 어떻게 자랐는지, 기후는 어떤지 물어봐줄 때, 귀찮아 하는 미국 사람 하나 없었다는 말씀. 외국 타지에서 머무르고 있는 이들에게 요런 감성적인 화두를 꺼내주면 고마워하며 입에서 침을 튀기며 열심히 이야기 해줄 거예요. 이 사람들의 수다를 미소와 함께 즐기며 우리의 다음 대사를 준비하는 여유! 우리들의 60분 수다의 비결이기도 합니다.

Where are you from originally?

고향이 어디신가요? 어디 출신이신가요? 수많은 인종이 모여 산다는 미국에서 이 질문에 대한 대답이 자신이 태어난 곳에 대한 단순한 설명 외에도 자기 아버지, 할아버지 출신에 관한 구구절절 이야기가 될 확률 90%. 천천히 들어보시면 미국 역사까지 살짝이 엿볼 수 있는 기회가 될 수 있어 흥미롭기도 합니다. Where와 are의 발음이 비스므리해서 [웨어롸]라 들리는 좀 뭉뚱그린 발음이 되면 자연스럽습니다. 한번 다시 따라 해보실까요? [웨어롸유f프롬?] 대답으로, 제발 I am from my home. 하지 마시구요.^^

What is the city like?

그 도시는 어떻게 생긴 도시인데요? '어떻게'를 의미하는 표현으로는 how보다 what --- like가 더 많이 사용되는데, how로 시작되는 질문에는 형용사형의 대답이, what --- like의 질문에는 명사 단답형의 답이 와야 하기 때문이겠죠. city의 위치에 다른 단어를 응용한다면 여러 가지 다양한 표현이 가능하게 됩니다. 날씨(weather) 어떠냐, 모양(shape)이 어떠냐, 냄새(smell), 맛(taste) 등등… 실생활에 유용한 표현, 맞죠? What is the --- like? ---안에 단어들을 넣어 활용해 봅시다.

What are the attractions there?

거기 볼 만한 것들이 뭐가 있을까요? 발음상의 중요점 하나. about, Americans,

awake, attraction 등 a가 맨 앞에 위치한 단어들의 발음은, a와 나머지 부분을 분리해서 소리낸다면 상대를 이해시키기가 더 쉽습니다. I am awake.(나 안 잔단말이야.)의 탈음을 [아임 어웨이크]라 글자 배열대로 말하는 것보다, [아이머 웨잌]이다 소리내는 것이 훨씬 영어스럽습니다. I have an American car.를 [아이해버너 메어뤼컨칼]이라 하듯이요. 어두의 약한 모음을 단어와 분리하여 띄어 발음하기를 잘 해야 상대방이 알아듣기 편합니다.

What were your schools like?

당신 출신 학교들은 어땠나요? What be --- like?의 문장이 다시 한번 등장하였군요. 출신 학교를 넣으면 그럴듯 한데요. 경치 좋은 시골 학교였는지, 특정 종교 학교였는지, 공부로 뺑이를 돌렸었는지, 담배 좀 피운 애들이 있었는지… 본인 성장 과정을 들을 수 있겠습니다. 아! 까까머리 주번이 칠판 지우개를 창 밖으로 떨어내고 선생님이 떴다 싶으면 일사불란하게 각자 위치로 몸을 던져 수업을 맞았던 우리 학창 시절이 생각나네요. 그때가 좋았었는데.

What do you miss from your hometown?

당신 고향에서 제일 그리운 건 무엇인가요? 발음상 그리 크게 어려운 문장은 아닌 듯 하니, 그냥 쉽게 싸악 먹어버리죠. 갑순이와 가끔 만나던 물레방앗간, 피라미를 잡으러 텀벙거리던 집 앞 냇가…처럼 그들도 그들만의 어릴 적 추억에 잠겨 므훗한 미소를 지어보일 거예요. 혹시 '난 어릴 적 지나가는 행인에게 구걸하고 약을 파는 동네에서 아주 활동적인 아이로 자라났어.'라고 말하는 사람들과 마주했을 땐 자 빨리 자리를 뜨시길 바라면서. 오싹혀라.

가족, 어린 시절 이야기, 옛집 주위에 있었던 풍경과 추억을 회상할 시간을 준다면, 상대방 미국인은 감회에 젖어 이런 저런 이야기 주절주절 하면서 아마도 2~3분은 족히 잡아먹을 걸요. 느긋이 앉아서 Oh., Wow., Is that right?[이샛우롸잇?] 등 "그랬어?"에 해당하는 반응을 적절히 써가며 맞장구를 쳐주다가, 우리의 고향 이야기도 다음 문장을 사용하며 해준다면 이 부분 수다 점수, 백점!!

I was born in a --- city called ---.

앞의 빈 칸에는 small 또는 big 중 하나를 선택, 뒤의 빈 칸에는 각자 출신 도시명을 넣습니다. 부산이 고향인 분들을 예로 들어보죠. I was born in a big city called Busan.[아워스볼니너빅씌리콜부산] (전 부산이라고 하는 큰 도시에서 태어났죠.) born[볼ㄴ] in a …의 부분과 called[콜ㄷ]의 발음에 신경 써야 함을 재차 힘차게 외치는 바입니다.

It is located in the --- part in Korea.

그곳은 한국의 ---쪽에 위치한 도시인데요. eastern[이스털ㄴ], western[웨스털ㄴ], southern[서th덜ㄴ], central[쎈츄럴]을 빈칸에 넣어 설명하면 되겠네요. northern[놀던]은 북한 쪽 이야기니 그리 해당 없을 듯 하구요. 서울, 대전은 central, 부산과 광주, 제주는 southern, 동해안 근처 도시는 eastern, 인천은 western… 뭐 이러면 되지 않겠어요? 너무 갈라대서 지역 주의를 조장하는 발언이라구요? 하긴 동서남북 가르기엔 너무나 작은 땅덩이긴 하네요.

It is famous for ---, --- and ---.

그곳은 ---, ---, ---로 알아주죠(유명하죠). 빈칸에 들어갈 단어들은 big buildings[빅비을딩스](큰 건물들), beautiful scenery[뷰러f퍼씨너뤼](아름다운 경치), peaceful environments[피이스f퍼언v바일은먼츠](평온한 환경), industrial facilities[인더스츠리어을f퍼실러리스](산업 시설), good neighbors[그웃네이볼스](좋은 이웃들), harbor facilities[할벌f퍼실러리스](항구 시설), good ocean view[그웃오시언v뷰](끝내주는 바다 경치), agricultural environments[어그뤼컬처륄인v바일은먼츠](농경 환경) … 에구 숨차라. 각자 그향에 맞는 어구들을 끼워서, 연습하셔서, 써 드시면 되겠네요. 그 외 특별한 경우에는 한영 사전 찾으셔서 그 장소에 대한 분명한 뜻 전달이 되도록 하시고요.

I grew up there until I was --- years old.

제가 ---살 때까지 거기서 자랐더래요. 과거형의 문장에 이은 until --- years old 를 애용 문장으로 추천하는 바입니다. '내가 소싯적 ---살까지 뭐 좀 했죠.' 라는 기억 회상적 내용을 담은 문장으로 좋겠네요. '열 살 때까지 젖 먹고 자랐어.'류의 내용만 아니라면야 얼마든지 자랑거리 토해낼 내용들 많겠죠? I was always number 1 until 20 years old. 등의 제 과거 인생을 축약시켜 놓음직한 내용을 표현할 때 쓴다 이 말씀입니다. 재수 없다구요? 죄송.

I always miss my hometown and old friends.

저는 언제나 제 고향과 옛 친구들을 그리워하죠. 누구에게든 해당된다 사료되는 내용입니다. 발음상 그리 어려운 부분 없죠? 어릴 적 친구들과 집 근처 풍경들은 우리를 기다리지 않고 왜 그리도 변해가는지… 오랜만에 만난 고향 친구에게 이런 말을 건넸다가 '나는 변하지도 않고 그 모냥 그 꼬라지로 살란 말이냐'며 소주병으로 맞을 뻔 했다는… 살면서 miss할 것도 사람도 많고 하니, 언제고 과거가 되어버릴 이 순간들을 열심히 살며 사랑하자는 가당치도 않은 절규를 합니다 여러분.

고향에 관한 이야기 이상입니다.

제 이야기 해도 될까요? 제 고향은 광주광역시입니다. 그 당시만 해도 전라도 광주였었는데. 사실, 중학교 2학년 때 서울로 전학을 올라왔을 당시만 해도―서슬 퍼랬던 1980년대라― 제 고향이며 말투가 크게 자랑스럽지만은 않았던 게 사실입니다. 어린 마음에 빨리 서울 말씨로 고쳐야 한다는 생각으로 한동안 전라도 사투리에 "~니?"만 붙여서 친구들에게 다가섰던 기억이… 호호. 사투리 고침에 지나지 않지만 새로운 서울 억양을 향한 당시 저의 갈망(!)이, 커서도 빠른 영어 습득에 혁혁한 공헌을 하지 않았나 하는 생각을 해 봅니다. 뭔가를 바랍시다 여러분. 그 다음 그것에 열심히 매진한다면 결과가 따르지 않겠어요? 아자, 아자!

어릴 적 사용했던 사투리나 억양이 평생 따라다니는 것도 사실인 것 같습니다. 전라도 출신 어느 50대 아저씨가 미국인과 헤어지며 Bye.를 "빠이이잉"이라 했다거나 누군가 초인종을 눌렀을 때 Who?를 "후우여?" 했다는 일화들을 들으면서, 제 자신조차 입 어딘가에 남아있을 출신지 억양을 의식하며 달하지 않을 수는 없네요. 그러나 여러분. 미국에도 시골, 깡촌이 다 있어 자기들끼리도 통하지 않는 영어가 있다 하고, 중국에 가면 Chinglish(중국 영어), 한국에 오면 Konglish(한국 영어)가 있을 수밖에 없지 않겠어요? 미국인 한 분이 같은 영어 사용국인 스코틀랜드에 통역사를 데리고 출장을 갔다는 이야기가 생각나네요. 여러분, 어디든 고유의 발음 구조와 억양이 있는 건 당연한 일! 발음 연습은 열심히 하되 너무 우리 발음에 대해 자신 없어 하거나 기죽지 맙시다. 실제로 미국인들도 완벽한 영어를 구사하는 사람 많이 없죠. 자세히 들어보면 문법도 틀리고 철자도 우리보다 더 모르는 사람들도 많고. 기죽지 말자구요.

고향에 대해 얘기할 때 꺼내보는

다노트 5

쓸만한 질문

- Where are you from originally? 고향이 어디신가요?
- What is the city like? 그 도시는 어떤가요?
- What are the attractions there? 거기 볼 만한 것들이 뭐가 있을까요?
- What were your schools like? 당신 출신 학교들은 어땠나요?
- What do you miss from your hometown?
  당신 고향에서 제일 그리운 건 무엇인가요?

수다 보따리

- I was born in a big/small city called ---.
  전 --- 이라고 하는 큰/작은 도시에서 태어났죠.
- It is located in the --- part in Korea.
  그곳은 한국의 --- 쪽에 위치한 도시예요.
- It is famous for ---, --- and ---.
  그곳은 ---, ---, ---로 알아주죠(유명하죠).
- I grew up there until I was ___ years old.
  제가 --- 살 때까지 거기서 자랐어요.
- I always miss my hometown and old friends.
  저는 언제나 제 고향과 옛 친구들을 그리워하죠.

memo

1분 2분 3분 4분 5분 6분

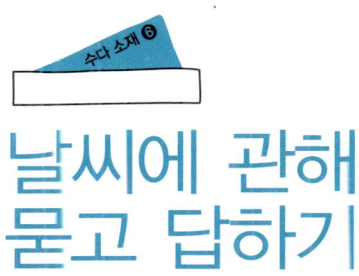

날씨에 관해 묻고 답하기

미국인뿐만 아니라 다른 사람과 대화를 하다 보면, 서로 이야기가 '뚝' 끊기고 말아 다소 어색한 썰렁 분위기를 자아내는 경우가 더러 있습니다. '뭐야 이 긴장된 분위기는?' 하고 생각이 들면서 유난히 다음 화제거리가 떠오르지 않기도 하는데요. 특히 이성과 마주 앉아 있는 자리라면 더더욱 그렇죠. 약간 삼류 영화 대사 같긴 하지만, 저 같은 사람들의 경우에는 "하아아암… 날씨 참 좋으네요, 그쵸?"라는 말로 그 분위기를 돌파하려는 노력을 기울이죠. 유치한 소재면 어떻습니까? 서로 커피잔이나 만지작거리며 말 한마디 없이 시간 죽이는 것보다 낫겠죠. 우리 과감히 이야기합시다. 날씨에 대해서.

워낙 큰 땅덩어리의 미국. 태풍이 연중 행사로 집이고 뭐고 휩쓸고 가는 동네, 사시사철 모두들 훌떡 벗고 다녀 눈이 마냥 즐거운 마을, 8월 한 달 제

외하고 죄다 눈이 와서 스키 타고 출근한다는 지역, 참 날씨마저도 각양각색이라는 생각이 듭니다. 미국인 개개인마다 자신의 출신, 거주 지역의 특별한 날씨에 얽힌 에피소드가 있는 법, 우리가 지금부터 연마하는 몇 마디의 질문으로 그들의 수다를 이끌어 내 봄과 동시에, 우리 나라 날씨도 설명할 수 있게 되는 좋은 기회. 놓치지 않을 거죠?

What is the weather like where you live?

사시는 곳의 날씨가 어떤가요? 앞서 What is the city like?에서 배웠던 것처럼 what --- like?의 용법으로 표현하는 '---는 어떤가요?'의 질문이네요. where you live의 위치에 there나 in New York, in Japan, in your hometown 등을 사용하면 응용도 용이하겠죠.

What is your favorite season?

젤루 좋아하시는 계절이 뭘까요? 어느 소재든 사용할 수 있는 전천후 질문 형식, What's your favorite ---? 이젠 이 정도쯤이야죠?

Do you know what the weather will be like tomorrow?

내일 날씨가 어떨지 다세요? 미국이나 우리나 언제나 관심이 가는 건 오늘, 내일의 날씨. 본의 아닌 잘못된 예보도 가끔 해야 하는 기상청에 대한 뒷담화에, 자꾸 더워지는 날씨 때문에 국가 정책, 오염 문제에 대한 걱정 등등, 전형적인 말 많은 미국인이라면 이 질문 하나에 봇물 쏟듯 따따부따 수다를 떨어줄 테니, 어디 두고 보세요.

Do you have threatening weather in your area?

당신 마을에서는 혹독한 날씨가 있나요? 해마다 찾아오는 돌풍과 태풍으로 유명한 미국 동남부 지역이나 매 겨울마다 체감 온도 영하 수십 도까지 내려가는 중북부 캐나다 접경 지역에서는 기후가 사람들의 생활에 큰 영향을 주기도 하죠. 그러면서 왜 그 곳에 평생 동안 주구장창 사는지는 모르겠지만, 기후를 빼곤 우리 동네가 최고라고 부르짖는 미국 사람들을 보면서, 인간은 어떤 열악한 환경에도 적응하는 강한 존재라는 걸 다시 한번 느껴봅니다.

The news said it would be rainy/nice/hot/cool/snowy/foggy/windy.

뉴스에서 날씨가 비온다/좋다/덥다/시원하다/눈온다/안개낀다/바람분다고 하더군요. 그날마다 다른 기후를 언급해야 하지만, 이 문장의 주요점은 첫 부분인 [더뉴쎋이룬비]가 빠르게 나와야 하는 점입니다. 그 다음 날씨 부분은 생각하면서 좀

117

시간을 잡아먹어도 되는 부분이니까요.

I never put too much faith in the forecast though.

근데 저는 기상 예보를 잘 못 믿겠어요. 세계 어딜가나 기상 예보는 못 믿겠다, 거꾸로 알면 된다 식의 말들이 많지만, 요즘처럼 급변하는 날씨, 기후를 보면 참 맞춰내기도 힘들겠구나 하는 생각이 들어요. 기상청에서 일하는 분들 고생하며 예보하는 것일 테니 너무 그러지들 말자구요. 친지 중에 기상청에서 일하는 사람 있냐구요? 없어욧! faith, forecast의 f, th 발음 신경 많이 쓰세요. though의 th[ㄷ]와 faith의 th[ㅆ] 발음은 서로 달리 소리가 날지라도 반드시 양쪽 다 혀를 밖으로 내미실 것. 아무리 강조해도 지나치지 않네요.

I like spring/summer/fall/winter the best.

난 봄/여름/가을/겨울이 제일 좋아요. 계절 이름들은 우리가 어릴 적부터 배운 쉬운 영어로도 보이지만 실제로 발음을 정확하게 내는 분들이 많지 않죠. 미국식 발음 위주로 다시 한번 연습해 봅니다. spring. s 다음에 k나 t나 p가 오면 강한 경음 현상이 일어난다고 했죠? 뒤 r 발음을 살려서 [스쁘륑]으로 발음하시고요. 우리가 모두 [썸머]라고 발음하는 [써멀]의 발음 이론은, n이나 m이 연속되는 경우 강한 발음이 아닌 철자 하나만 발음한다는 마음으로 약하게 소리내야 한다는 것이죠. Madonna가 [머다나], gonna가 [고나]가 되고 grammar가 [그래멀]이 되어야 한다는 것이죠. grammar를 [그램머] 심지어는 [그리무], [그래임마]라 소리내는 몇몇 분들을 보면서 흥분을 삭히기도… '가을'을 [f포오르]이라고 f와 l 발음을 주의하며 소리내는 것도, '겨울'의 미국 발음이 [위널]로 들리는 점도 꼭 유념해 연습해 두시기를 바랍니다.

I really enjoy the outdoors then.

난 그 때의 야외 생활을 정말 좋아하죠. 미국인들은 뭘 좋아한다고 말하면 왜 그러냐, 무슨 이유가 있느냐며 자꾸 귀찮게(!) 구는 경우가 많은데, 다 친하자고 하는 의도이므로 No reason. 내지는 I just like it. 등으로 너무 퉁명스럽게 반응하지 맙시다. 대화 분위기 대단히 뻘쭘해지기 쉽거든요. 그래서 준비한 수다거리, I really enjoy the outdoors then. 어느 철에나 사용 가능한 만병통치 답안. 위 I like spring the best. 다음에 연결해서 이야기해도 매우 좋을 듯 합니다.

지금까지 여섯 가지 소재에 대해 연습했습니다. 영광굴비 엮듯이 '쓸 만한 질문'들과 '수다 보따리'들을 잘 이어서 시나리오 하나 만들어서 연습해 보세요. 빛나는 내일이 있습니다 여러분. 아자!

날씨에 대해 얘기할 때 꺼내보는

수다노트 6

- **What is the weather like where you live?**
  사시는 곳의 날씨가 어떤가요?

- **What is your favorite season?** 제일 좋아하시는 계절이 뭐예요?

- **Do you know what the weather will be like tomorrow?** 내일 날씨가 어떨지 아세요?

- **Do you have threatening weather in your area?**
  당신 마을에서는 혹독한 날씨가 있나요?

- **The news said it would be rainy/nice/hot/cool/snowy/foggy/windy.**
  뉴스에서 날씨가 비온다/좋다/덥다/시원하다/눈온다/안개낀다/바람분다고 하더군요.

- **I never put too much faith in the forecast though.**
  근데 저는 기상 예보를 잘 못 믿겠어요.

- **I like spring/summer/fall/winter the best.**
  난 봄/여름/가을/겨울이 제일 좋아요.

- **I really enjoy the outdoors then.**
  난 그 때의 야외 생활을 정말 좋아하죠.

memo

뉴스에 관해 묻고 답하기

급변하는 세상, 수많은 사람들… 가히 정글과 같은 사회에 사는 우리들이 시시각각 마주하는 건 우리를 기쁘게도 슬프게도 또는 놀래키기도 하는 따끈따끈한 뉴스들입니다. 복잡하고 시끄러운 정치 얘기들, 뜬눈으로 밤을 새워도 좋은 스포츠 경기들, 언제나 우리들을 한숨 쉬게 만드는 경제 문제들, 크고 작은 사건 사고들, 듣기 훈훈한 미담들… 문제는, 우리들끼리의 대화에서는 웃기도 하고 흥분도 해가면서 이야기 나누는 이 화제들이 미국인과 영어로 할 때면 왜 그리 꿀먹은 벙어리마냥 아무 생각도 안 나는지 알다가도 모를 일이라는 거죠. 모든 뉴스거리를 영어로 표현해내고 문장을 만들어내는 데에는 상당한 내공이 필요합니다. 그러나 "오늘 뉴스가 뭐였어?" "그 뉴스 들었어?" "미국 뉴스 뭐 새로운 것 있어?" 정도가 입에서 술술 나온다면 30분 수다에 적잖은 도움이 되겠네요. 내가 떠들 수 없는 소재라면 상대방 입을 열어라. 이거죠? 아, 그리고 내용이 좀 많아질 것 같으니까 정치, 경제, 스포츠에 대한 말하기 연습은 다음 단원으로 분리해서 설명하도록 해주세용.

What have you heard in the news lately?

최근 뉴스 뭐 들어본 것 없나요? 짧지 않은 문장이라 연음을 주의해서, what have you heard 부분, [워래v뷰헐]이라 여러 번 반복해서 소리내실 것, 그리고 아무리 강조해도 좋을 lately는 [레이틀리]가 아닌 [을레잇리]라 하실 것!!

Have you heard the news?

그 뉴스 들었어요? 대화 중 갑자기 화제를 돌릴 때 많이 쓸 수 있는 말이니 연습해두시기 바랍니다. 그러나 이 문장 다음에 나올 뉴스 내용을 어떻게 영어로 이야기할 것인가가 중요하긴 하죠. 우리 주위에 일어남직한 뉴스에 대해서는 '수다 보따리'에서 연습하기로 하시죠. 네?

What are the headlines in your country?

댁 나라에서 주요 뉴스가 뭐예요? headlines는 주요 기사, 화제 거리라 해석하시면 될 텐데, [헤드라인]이 아닌 [헨을라인]의 발음이 되도록 신경 써주시고요.

요사이 미국인이라면 유가 문제, 이라크 전쟁, 이상 기온, 부시 대통령 이야기에 열을 올릴 테죠.

What interests you most in the news?

뉴스 중에 가장 흥미로운 부분이 뭔가요? 미국에서는 아침마다 배달되는 신문의 두께가 거짓말 조금 보태서 한국 월간지만 하죠. 일단 식구들 손에 신문이 들어왔다 하면, 온 가족이 달려와 자기가 좋아하는 섹션을 분리해서 집어간다는데, 예를 들자면 아버지가 사회나 경제면을 보고 있는 사이에 스포츠면은 청소년 아들내미가, 만화 따위는 꼬맹이 딸이 쑥쑥 빼가는 모습이 그려지네요. 아버지 신문 보시는데 아이들이 다가와 자기 좋은 것 뽑아가는 모습, 우리 집 분위기라면 거의 전치 6개월 수준인데.

Do you feel the news is accurate?

뉴스 보도가 정확하다 생각하시나요? 언론 보도의 정확성과 객관성은 어느 나라에서건 문제가 되는 것 같습니다. 하루하루 신문과 TV를 통해 희비쌍곡선을 만드는 우리 나라도 뭐가 진실이고 왜곡인지 알기가 힘들지만, 언론매체가 수십만에 이른다는 미국에서는 이 문제가 더 심각한 듯 합니다. 지난 수 년간 전쟁 보도를 들으면서 누가 옳고 그른 것인지조차 혼란스러워 TV 그만 봐야 되겠다 생각이 들기도 하고, 심지어는 죽은 케네디 대통령이 아직 살아있고 팝가수 브리트니 스피얼스가 외계인일지 모른다는 말에도 혹할 때가 있으니, 이거 원 내 정신이…

The oil prices are going up again.

기름 값이 또 오른다네요 글쎄. 어딜 가나 기름 걱정 물가 걱정. 우리나라에 비해 가격이 싼 자동차 기름값이지만, 미국 사람들은 출근길이 자동차로 보통 30분이 넘는 경우가 많아 이쪽에 가계 지출이 큰 편이죠. 빨리 물만 넣어도 잘 굴러가는 자동차가 나오기를 바라면서. 하긴 요즘 물값도 비싸지긴 마찬가지군요. 아무튼, oil이 단순히 [오일]이 아닌 [오이을]이라며 혀를 곧추 세워 앞윗니 바로 뒤에 놓아야 한다는 주의점 잊지 마시고요.

I read about concerns in the Middle East.

중동 지역의 우려 상황에 대해 기사를 읽었죠. 지난 수십 년 동안 미국의 정치·외교 문제 중 하나가 이 중동 문제. 9.11 테러 사건 당시에도 저에게 무역회화 수강하시던 사장님 따라 통역을 도와드리러 미국에 갔다가 오돌오돌 떨고 있었던 기억이 나네요. 누가 옳고 그르다는 평가는 제가 이 책에서 주절거릴 게 아니온지라 그냥 넘어가기로 하고요. a로 시작하는 단어들에서 a 발음을 앞으로 이사 보내라는 말, 기억하시죠? [뤠드 어바우릿]이 아닌 [뤠더 바우릿]으로 발음해야 상대방이 더 잘 알아차린답니당.

North Korea has been a headache to everyone.

북한이 모든 이들에게 골칫덩이네요. 발음상 유의할 점이 많은 문장인데… 음, 첫째, 북녘이란 뜻인 north. [놀] 다음에 재빨리 혀를 내밀며 [쓰] 발음을 하시면서 멈추실 것. 혀를 너무 세게 깨물면 마이 아파. 둘째, Korea의 발음이 애석하게도 웃으며 [코리아]로 발음하는 것보다 약간 인상을 쓰며 [커뤼아]라 하심이 낫답니다. 그 다음, has been에서 [해] 발음을 강렬히 하실 필요 없다고 설명을 드렸구요. headache도 연음화를 시켜 [헤레잌]이라 소리내는 것도 좋으리라 본답니다. 북한이 언제나 철이 나서 국제 사회에 조금 더 우호적으로 변할까요? 우리나라도 이젠 좋은 정치 소식도 기대해 볼 때가 되었는데요.

The president is making decisions we don't like.

우리 대통령이 우리 마음에 썩 안 드는 결정만 하고 있네요. t로 끝나는 단어들, 끝 t 발음 하지 말고 그냥 속으로 삼키실 것과, l로 시작하는 발음 앞에 [을]이라는 발음 한번 내어주시면서 시작한다는 것. 이젠 재차 반복으로다가 볼때기가 아파오네요. 이 문장, 우리 대통령님 전혀 좋아하지 않을 내용이지만, 한국이건 미국이건 그 어느 나라건 자기 지도자에 대해 칭찬일색인 사람 한 명 못 만나봤습니다. 비판도 필요한 법. 여러 사람 행복하게 만드는 대통령들이 되길 바랍니다.

My favorite team, the Yankees, is doing a good job these days.

내가 좋아하는 양키스가 요즘 날아 다니고 있어요. 미국인, 특히 미국 남성들과 공통 화제거리가 갖고 싶다면 미국 프로 스포츠에 관심을 가져보시고 팀이나 선수 이름도 몇 개 외워두세요. 월드컵 16강과 이승엽 홈런 소식이 하루하루 기다려지는 우리처럼 미국인들도 스포츠가 생활의 일부가 되어 있습니다. 발음! [f풰이v보륏]. 어려운 발음일 걸요. 그리고 doing a good job! 회사 아랫것(앗 실례, 분!)들이나 우리 아이들에게 해주면 기분 좋을 말. doing은 [두잉] 보다 [두윈]으로 하셔요.

How do you think about it?

당신 의견은 어때요? 이 문장은 이번 소재와 직접 관련된 내용은 아니지만 꼭 입에 달아놓으시면 유용하게 쓸 수 있는 무기가 될 거예요. 소재가 소재인지라, 정치, 외교, 문화… 다양한 지식을 피력하려면 꽤 괜찮은 영어 실력이 필요한데, 우리 이 깊이까지는 왠지 자신이 없죠. 이런 경우, 약간의 비겁함이 가미될지언정 우리의 필살기인 '상대방에 덤탱이 씌우기'인 '당신은 어떻게 생각하나요?'의 카드를 내밉시다요.

뉴스에 대해 얘기할 때 꺼내보는

다노트 7

 쓸만한 질문

- What have you heard in the news lately?
  최근 뉴스 뭐 들어본 것 없나요?

- Have you heard the news? 그 뉴스 들었어요?

- What are the headlines in your country?
  댁 나라에서 주요 뉴스가 뭐에요?

- What interests you most in the news?
  뉴스 중에 가장 흥미로운 부분이 뭔가요?

- Do you feel the news is accurate? 뉴스 보도가 정확하다 생각하시나요?

 수다 보따리

- The oil prices are going up again. 기름 값이 또 오른다네요.

- I read about concerns in the Middle East.
  중동 지역의 우려 상황에 대해 기사를 읽었죠.

- North Korea has been a headache to everyone.
  북한이 모든 이들에게 골칫덩이네요.

- The president is making decisions we don't like.
  우리 대통령이 우리 마음에 쏙 안 드는 결정만 하고 있네요.

- My favorite team, the Yankees, is doing a good job these days. 내가 좋아하는 양키스가 요즘 날아 다니고 있어요.

- How do you think about it? 당신 의견은 어때요?

memo

관광에 관해 묻고 답하기

이제는 한국도 국제적으로 매우 유명한 나라 중 하나가 되었습니다. 비록 한반도의 크기가 미국 50개 주 중 하나인 미네소타주의 크기와 같고, 우리나라 폭이라고 해야 미국 서쪽에 위치한 록키산맥보다 작다고 하지만, 자동차에서, 반도체에서, 그리고 미국 사회에서 활약하는 우수한 두뇌들과 예술가들까지… 아, 그리고 불고기, 갈비와 김치, 요사이엔 비빔밥, 순두부에 외국 사람들은 한국의 창의성과 능력, 개성에 감탄합니다. 한국에서 만난 외국인들이나 또 한국을 다녀가 보았던 사람들의 한국에 대한 아는 척은 상당히 수선스럽죠. 가끔 "오우, 인사덩 가봤오.", "동대이문 싸, 조아.", "체주도, 뷰러푸울!"하는 외국인들 근처에서 더러 보셨죠? 우리 주위에 늘어가고 있는 외국 지한파들과 또 한국을 방문해 보고 싶어하는 사람들과 꼭 나누어야 하는 대화 소재. 그렇습니다. 한국에서 가볼 만한 장소에 대한 소개와 설명. 우리 영어 대화량 늘이는 데에 도움이 되는 소재 중 하나이기도 하지만, 우리 나라 외국 관광객 유치에 작게라도 공헌할 수 있는 애국자로의 지름길이 되는 이야기! 외교부나 관광진흥공사로부터 우리에게 장려금이 지급될 수도 있다는 푼돈에 대한 희망을 가져봅시닷! 아, 신나!

Have you been to Korea?

한국 가보셨나요? 외국에서 만난 사람들에게 이야기 꺼내는 말로 가장 무난한 질문입니다. 이런 경우에 *Did you go to Korea?* 혹은 *Have you gone to Korea?*라는 질문이 문법적으로 옳지 않다라는 말, 왜 중학교 2학년 땐가 배웠던 그거 있잖아요. 당최 우리의 문법에 대한 기억은 긴가민가 애매모호 아르송다르송이지만, '가본 적이 있나요'는 반드시 Have you been to ---?가 되어야 함을 잊지 맙시다. '인사동 가본 적 있어요?' '명동 가본 적 있나요?' 연습해 보시구요. Korea의 발음 다시 강조할게요. 약간 찡그리며 말씀 하심이 나을 것. [커뤼아].

Is this your first time to Korea?

한국에는 이번이 처음이우? 한국에서 만난 외국인들에게 물어봄직한 필수 질문 중 하나. *Are you first time in Korea?*라는, '당신은 한국에 첫방문이라는 분이십니까?'라는 웃음 못 참을 영어를 사용하는 분들도 많이 계시는데… 잠깐만요 좀만 웃구요. 냐하하하하하. 뚝. 죄송합니다. 저도 맨 처음 이런 영어 구사에 다재다능했었죠. 틀린 영어 뜯어 고칩시다!

Where have you traveled?

어디어디를 그간 싸돌아 다니셨나요? 한국을 못 가본 사람들에게도 어디든 여행의 추억이 하나쯤은 있는 법. 제 역사상 "별로 없는데요."라 얼버무리는 미국인 하나도 없었으니, 상대방의 왕수다를 기대하며 다음 질문을 준비하는데 '왔다'인 질문이죠. 발음상 traveled이 우리 입엔 문제가 좀 되는 단어인 만큼 간단히나마 짚고 넘어갑니다. t 발음은 약간의 [ㅊ] 발음이 가미되어야 합니다. tree가 [츄뤼], train이 [츄뤠인]으로 들리는 것처럼요. r 발음이 정면에서 보면 입 모양이 '땡꼬'처럼 모아져야 입안에서 혀가 천장에 붙지 않고, 또! l의 발음은 혀 끝이 입천장에 찰싹 달라붙는 우리 식의 [ㄹ] 발음이 나오면 안 되죠. [불]이라 하느니 차라리 [v부우우]라고 길게 발음하는 게 낫습니다. 다시 한번 해보세요. [츄뢔v부우]. 이게 traveled입니다. [트래불드]가 아니라.

What have your favorite trips been?

뭐가 가장 인상 깊었던 여행이었나요? 앞 질문과 다소 겹쳐지는 대답의 내용이 예상되기도 하고 문법이 좀 어렵네요. 그러나 유용하게 쓸 수 있는 여행 관련 질문이니만큼, 아예 입에 꽉 붙들어 매둡시다. trips의 위치에 songs나 movies, books, sports, foods 등을 넣으면 기호에 대한 좋은 질문들을 순산(?)해 낼 수 있을 거예요. 여러 번 연습해 봅시다. 연습해서 남주남?

Do they speak English? How do you overcome the communication barrier?

그들이 영어를 하나요? 어떻게 언어 장벽을 극복하시나요? 두 문장을 최초로 한꺼번에 말씀하게 만드는 이유는 이제 제가 여러분의 능력을 높이 사기 시작한다는 것. 좀 단어들이 어렵긴 하지만 communication barrier의 말은 우리 영어 이야기 할 때에도 쓸 만한 어구 같네요. barrier라는 단어는 r 발음 특성이라서 절대 혀끝이 입천장에 닿으면 상대방이 전혀 못 알아듣는다는 걸 꼭 기억하십시다. [배어뤼얼].

I like traveling too.

저 역시 여행을 좋아하죠. 여기저기 싸돌아 다니기 싫어하고 방콕하며 배 지지기 좋아하는 저 같은 사람도 이 대화에 적극적으로라도 참여하려면 '저도 여행 좋아해요'라 하죠. 싫은 게 어딨어? 지금부터 좋아하면 되지. 대한민국에 안 되는 게 어딨냐?

I have been to the US, Canada and Japan.

저는 미국, 캐나다와 일본에 가본 적이 있습니다. 각자 가본 적이 있는 나라나 장소를 대입시켜 연습하면 좋겠네요. 단지 나라 이름뿐만 아니라 동대문[이이슽게잍](East Gate), 비원[씨크륏갈ㄷ은](Secret Garden) 민속촌[f포옥v빌리

쥐](Folk Village), 제주도[제주아일랜](Jeju Island)… 우리 나라에서 가볼직한 동네나 장소도 그러고 보니 참 많아요. 왜 그리 외국인 관광 수입은 점점 줄어든다고 하는지. 직접적으로 내 주머니에 들어오는 돈이 없다손 치더라도, 만나는 외국인에게 우리 나라 자랑을 늘어놓아 한번쯤 오고 싶게 만든다면 외교관이 따로 있겠어요? 이런 보람 있는 일이 어디 있겠나요?

I recommend the East Gate market. You should go there.

저는 동대문시장을 추천합니다. 당신 꼭 가보세요. 보통 외국인들이 한국에서 좋아하는 명소를 하나 기억해 두었다가 소개 한번 해봅니다. '동대문'은 외국인들에게 좋은 가격과 품질, 그리고 색다른 밤시장 분위기가 어필되고 있는데, 우리 나라를 아는 외국인들은 이 동네를 East Gate보다 그냥 '동대문'으로 부르고 있는 경우가 많죠. 발음이 약간 다르다 해서 이 곳을 소개할 때 우리마저 [덩다이무운]이라 발음하시는 분들이 계시는데… 여러분, 그건 오바예요. 동대문은 그냥 동대문일 뿐입니다.

It is famous for cheap prices/beautiful scenery/cultural sights.

그곳은 싼 가격/아름다운 경치/문화적인 것들로 유명하죠. 인사동이나 동·남대문 시장, 제주도나 설악산, 동해 일출, 그리고 경주나 다른 고도들을 소개할 때 쓸 만한 문장입니다. Paris in France[패뤼스인f프랜스]나 Rome in Italy[우롬인이틀리] 등도 이 문장의 부분을 이용하면 좋은 소개가 되겠네요.

It is located in Seoul/a southern part of Korea.

그곳은 서울/한국 남쪽 부분에 위치해 있죠. 그 장소의 전반적인 위치를 알려주는 친절한 문장. 발음 문제로 노파심이 드는 것은, 항상 강조했듯이 located의 소리가 [을로케이릳]으로 들려야 한다는 점입니다. southern, northern의 발음도 th 부분에서는 혀가 1mm라도 이 사이로 나올 수 있도록 애를 써주셔야 한다는 것! 잊지 않으셨죠? 그러고 보니 이 문장, 우리 고향 소개할 때 배웠군요. 더 잘 하시겠네요. 네? 처음 보는 거라구요? --;

It takes --- hours from Seoul by train.

서울에서 기차로 ---시간 걸립니다. 서울에 있는 장소라면 단어 Seoul의 위치에 here를 놓고 '여기서부터 얼마 걸려요.'라는 문장을 만들어도 보시고, 기차를 타고 간다면 익사하고 말 것 같은 제주도 등의 지방에는 plane[플레인](비행기)으로 바꿔주는 센스! 안 가르쳐드려도 이젠 잘 하시리라 믿어요.

관광에 대한 질문법과 우리 수다거리를 외워보았습니다. 자신의 상황과 능력에 맞게 알맞은 문장들을 발췌해서 크게 소리쳐 읽고, 안 보고 외우고, 앞 사람을 앉혀놓고 (혹 앞 사람이 될 만한 대상이 주위에 아무도 없는 저와 같은 외로운 분들이시라면 인형이라도… 커헙) 열심히 연습하고 계시는 것 맞죠? 단지 눈으로만 읽어 넘어가지 말고 한 소재당 몇 문장씩 꼭 자신의 것으로 만드셔야 합니다. 꼭 성공하십시오. 그래야 제가 실력 있는 영어 선생으로 더더욱 유명해지죠, 여러분. 출판사에 요청해서 완벽히 소화하지 못하면

페이지가 안 넘어가는 장치를 이 책에 달아달라고 요청할까 봐요. 그 정도로 여러분이 꼼꼼히 연습하기를 기대합니다. 아셨죠? 조사하면 다 나와요.

관광에 대해 얘기할 때 꺼내보는
다노트 8

- **Have you been to Korea?** 한국에 가보셨나요?
- **Is this your first time to Korea?** 한국에는 이번이 처음인가요?
- **Where have you traveled?** 어디어디를 그간 돌아 다니셨나요?
- **What have your favorite trips been?**
  뭐가 가장 인상 깊었던 여행이었나요?
- **Do they speak English? How do you overcome the communication barrier?** 그들이 영어를 하나요? 어떻게 언어 장벽을 극복하시나요?

- **I like traveling, too.** 저 역시 여행을 좋아하죠.
- **I have been to the US, Canada and Japan.**
  저는 미국, 캐나다 일본에 가본 적이 있습니다.
- **I recommend the East Gate market. You should go there.** 저는 동대문시장을 추천합니다. 꼭 가보세요.
- **It is famous for cheap prices/beautiful scenery/cultural sights.** 그곳은 싼 가격/아름다운 경치/문화적인 것들로 유명하죠.
- **It is located in Seoul/a southern part of Korea.**
  그곳은 서울/한국 남쪽 부분에 위치해 있죠.
- **It takes --- hours from Seoul by train.**
  서울에서 기차로 ---시간 걸립니다.

memo

음식에 관해 묻고 답하기

이 책의 독자 target[탈깃]이 긴장과 초조에 몸을 떨며 외국인과 영어를 나누며 식사를 해야 하는 20년 전 저와 같았던 우리 동포 형제 분들이니만큼, 이 책에 빠트려서는 안 될 귀중한 소재 하나. 그것이 바로 그 당시 상대방과 나 사이에 펼쳐져 있을 음식, 순수 국산말로 '먹을 것'입니다. 먹으려 사느냐, 살려고 먹느냐 여러 철학적인 해석이 우리 주위에 난무하고, 어느 나라 무슨 음식이 맛있던데 넌 그거 먹어봤냐고 상대방의 문화적 무식함 정도를 묻기도 하며, 여기저기 맛집들에 웃고 배고파 죽을 다이어트에 울고… 우리 일상 생활에서 음식에 대한 생각으로 꽤 많은 시간을 보내는 게 사실입니다. 대부분 미국인들은 우리 나라 사람들의 식사량에 대해 놀라움을 금치 못합니다. 우리를 잘 아는 미국인 바이어들을 저녁 식사에 접대라도 하는 날이면 그들은 아침부터 점심까지 천천히 워밍업도 하고 자기 위장에 심심한 위르의 말씀도 전한다고 하니, 우리가 좀 한 상 부러지게 먹어야 먹었다고 말하는 것이 사실이긴 하죠. 맛있는 걸 어떡해!

미국인들이 보는 우리 음식에 대한 견해는 (물론 좋은 얘기만 해야 안 맞고 살아 돌아간다는 강박관념에서였겠을 수도 있겠으나) 일반적으로 좋습니다. 영양가 있고 살 안 찌는, 세계적으로 인정 받는 영양 음식인 비빔밥과 삼계탕, 순두부, 한국산만이 효험 있다고 소문난 동양의 비아그라[v바이어그러]라는 인삼[진생]과 버섯[머쉬룸], 세계 어느 나라에서건 알아주는 최고 국위선양 음식, 갈비[우뤕스]와 불고기, 그리고 아무리 설명해도 이해해주는 외국인이 많지 않은 멍멍이탕(어느 미국인은 어느 아가씨가 오완견임직한 치와와를 안고 가는 걸 보고 '저거 그녀의 점심 도시락일까?'라고 묻더군요) 등이 많이 회자되는 한국 음식들입니다.

자, 그럼 이제 음식에 대한 수다, 시작해 볼까요?

Have you tried Korean foods before?

한국 음식들 예전에 들어보셨어요? 다른 소재로 대화를 전환할 때 Have you p.p. …?라는 경험을 묻는 문장을 많이 쓰는 게 단지 우리 나라 말만 해당되는 게 아닌가 봐요. 남 말하기 좋아하는 동네 아주머니들, 늘 대화 시작용 문장인 "수진이 엄마, 그 말 들었어?"가 미국인들도 많이 애용하는 Hey! Have you heard of it?[헤이! 해v허러v빗]인 걸 보면 우리나라나 미국이나 대화에서 중요한 문장임이 틀림없습니다. 외웁시다! Have you heard of it? Have you tried it?[해v뷰츄라이딧] Have you done it?[해v뷰던잇] 이 세 문장 외워두시면 어느 소재에도 잘 어울린다는 것 아실 거예요.

What is your favorite food?

좋아하는 음식이 뭐예요? 다소 유치한 질문이 될 수도 있지만 궁금한 걸 어떡해? What's your favorite ---?은 단순한 단어(차, 색깔, 음악, 영화 등등) 교체만으로 무지 많은 질문을 할 수 있긴 하지만, 여러분 이 문장 입에 잘 달려 있다고 너무 남발하신다면… 설문조사 나온 조사요원 같을 거여요. 이 질문에 대한 상대방의 대답은 다양할 겁니다. 햄버거, 피자가 젤 좋다는 체격 좋고 촌시런 미국 아저씨, 야채만 먹는다는 약간 까다롭게 생긴 vegetarian[v베쥐테어뤼언] 아줌마, 생선회가 좋다며 sashimi, sushi, tempura … 일식 메뉴 좔좔 외는 할아버지… 음식 이야기 나오기 시작하면 참 재미있죠.

Are you okay with spicy foods?

당신 매운 음식 오케이예요? 초강력 초고추장에 버무린 한치회를 한입에 덥썩 물어 삼키고 '커커컥' 기침을 하더니 얼굴이 벌개지면서 그간 먹었던 저녁 다 쏟아 내었던 어느 한 미국인 바이어를 떠올리면서… 이제 고추장이나 고추냉이, 심지어는 고춧가루가 미량이라도 가미된 국물 요리가 미국인 앞에 놓인다면, 이 질문 반드시 물어봐야 합니다. 심지어는 김치 하나 먹고 물 다섯 컵 마셔재낀 사람도 있으니까요. 인도 카레, 멕시코 페퍼, 중국 사천과 더불어 한국 고춧가루는 밋밋하고 기름진 음식의 나라 사람들에게는 거의 원자 폭탄 수준이죠.

What kind of alcohol do you prefer?

어떤 종류의 주류를 선호하시나요? 알코올 소비량 세계 1, 2위를 다툰다는 우리가 음식 이야기 하면서 술 이야기 안 꺼내면 휴게소에서 우동 안 먹고 경부선 타고 부산 내려가는 일과 같습니다. 대부분 미국의 술 문화는 스포츠 게임을 보면서 맥주를 홀짝이고 가족들과 모여 좋은 와인을 음미하는 분위기가 대세지만, 역시 사람 사는 동네라, 인간의 한계를 시험하며 부어라 마셔라 하는 필자와 같은 족속들도 더러 있습니다. 술과 웬수를 진 걸까요, 아니면 술이 머리부터 발끝까지 사랑스러워 그런 건가요? 이 문장 역시 alcohol 위치에 여러 단어를 끼워 넣으면 여기저기에 쓸 만한 질문이 됩니다. prefer 발음 신경쓰시구요.

Are you a good chopstick user?

젓가락질 잘 하시나요? '젓가락질 잘 못해도 밥 잘 먹어요'라는 DJ DOC의 신세대의 전통 문화 적응불능에 대한 자기합리 혹은 편명성 노래 가사가 생각나네요. 이 문장 또한 chopstick user의 자리에 swimmer[스위멀], golf player[고오f프플레이걸], talker[토어컬], English speaker[잉글리쉬스삐컬], driver[즈롸이벌], cook[쿠윽], computer user[컴퓨러유즈걸] 등을 이용해 응용해 보면 실생활에 사용되는 경우가 많다는 걸 아실 거예요. user의 s 발음을 너무 [지]에 치우친 소리가 되지 않도록 유념하시는 거 기억하시죠? 어려우면 차라리 [설]이 낫습니다. 설마 하다 실패 말고 이 사람 믿어주삼.

I like most Korean foods.

난 한식은 거의 다 좋아해요. 쉬운 문장이지만 like의 l 발음, most에서 마지막 t 발음 안 내기 등 신경 쓸 부분이 좀 보이네요. Chinese[촤이니이스], Japanese[쾌패니이스], American[메어뤼컨], Mexican[멕씨컨], Italian[이딸리언] 등 세계 여러 나라, 기호에 맞는 음식 스타일을 대답하시면 되겠습니다. 제발, 벌레 먹는 동남아식, 원숭이 머리 먹는 중국식, 우리 멍멍이탕, 구더기 볶음… 이런 엽기쪽으로 대화를 몰고 가 상대방의 호기심을 자극하지 말아 주세요. 평범함이 최선이 되는 대화. 무난하게 갑시다. 튀어서 뭐해요?

Some Korean foods are hot and spicy.

몇몇 한식들은 뜨겁고 맵죠. 다른 나라 음식들과 비교해 볼 때 한국 음식의 가장 큰 특징이라 볼 수 있는 뜨거운 국물과 매운 맛이 들어간 식단에 대한 간단한 설명입니다. 맵고 뜨거우니 먹기 전에 조심하라는 경고인 동시에 너도 세계화에 발 맞추려면 이 정도는 먹어줘야지라는 비아냥이라면, 제가 좀 오버인가요? 헤헤.

Dishes like Bibimbob or soft Tofu are very nutritious.

비빔밥이나 순두부와 같은 요리들은 대단히 영영가가 높죠. 전주 비빔밥이 어느 해인가 시카고에서 열렸던 식품영양학회에서 세계에서 가장 영양가 있는 음식으로 선정되고, 순두부 찌개 전문 식당이 뉴욕 등 미국 대도시에서 돈을 갈퀴로 긁듯이 모으고 있다는 뉴스를 보면서, 우리 조상님들의 식생활이 참으로 슬기로웠다는 생각이 잠시 들…다가도, 그런데 그 조상의 자손인 저의 아이큐는 왜 이 모양인 거죠? dish라는 단어는 단순히 '접시'라는 의미보다 여기서는 '요리'라는 뜻으로 해석해야 되겠어요. soft tofu는 t 발음이 겹치는 부분이 있어서 마치 한 단어마냥 [쏲토f푸]로 발음한다는 거 잊지 마시구요.

Kimchi, Bulgogi and Galbi are internationally famous too.

김치, 불고기, 갈비도 국제적으로 유명하죠. 이 문장에서 발음상 유의할 부분은 internationally의 t 부분입니다. t 발음을 분명히 낸다 하더라도 틀린 점은 전혀 없지만, absolutely[앱쏠룰리], definitely[데f퍼널리]에서처럼 미국식 발음은 t의 소리를 철저히 연음을 시키는 것이 대세입니다. 따라서 현지에서는 [인너내셔널]라 대부분 발음하죠. 간혹 한국을 잘 모르는 사람들이 김치나 불고기가 뭐냐고 물으신다면, 김치는 Korean Cabbage pickle[커뤼언캐비쥐피꾸으], 불고기나 갈비는 Korean style barbecue[커뤼언스타이우발비큐] 정도로 소개하면 되겠네요. 더 좋은 정의가 있으시다면 제게 이메일로 한 수 가르쳐주세요. 언젠가 누룽지 설명하다 어려워 기절할 뻔 했다는…

Our family likes to go out to eat.

우리 가족은 외식을 좋아하죠. 한 가족의 가장이라면 가족들의 이러한 선호 현상이 썩 달갑지는 않겠습니다만, 그래도 밖에서 외식 빈도 수가 끈끈한 가족애 형성에 혁혁한 공헌을 한다면야… 처음 부분인 family likes에 l 발음이 많아서 혀를 상당히 긴장시켜 탈음해야 할 듯 합니다. [f패믈릴라읔스]. 우리 나라 음식점들도 맛 대결, 가격 대결로 우리야 좋아졌지만, 옛날엔 어디 외식을 이토록 자주 할 수 있었나요? 6~70년대 배고픈 시절부터 유래했다는 우리의 정겨운 인사, '밥 먹었어?'를 직역하여 안부 인사했던 어느 연세 잡수신 어른 한 분이 떠오릅니다. 미국 사람에게 글쎄, Did you eat?

Italian Pasta, French Wine, Chinese Ducks, Mongolian Barbecue, American Burger, Japanese Sushi … 제가 좋아했던 지구촌 각지의 요리들이 생각나 침을 꿀꺽덕 삼켜가며 쓴 소재였습니다. 그래도 외국 생활 하다 보면 눈물 나게 그리운 건 고추장에 석석 비벼 먹는 보리밥이죠. 잠깐 나가서 점심 좀 먹고 오겠습니다. 못 참겠습니다.

음식에 대해 얘기할 때 꺼내보는
다노트 9

쓸만한 질문

- **Have you tried Korean foods before?**
  한국 음식들 여전에 드셔 보셨어요?

- **What is your favorite food?** 좋아하는 음식이 뭐예요?

- **Are you okay with spicy foods?** 매운 음식 괜찮아요?

- **What kind of alcohol do you prefer?** 어떤 종류의 주류를 선호하시나요?

- **Are you a good chopstick user?** 젓가락질 잘 하시나요?

수다 보따리

- **I like most Korean foods.**
  난 한식은 거의 다 좋아해요.

- **Some Korean foods are hot and spicy.**
  몇몇 한식들은 뜨겁고 맵죠.

- **Dishes like Bibimbob or soft Tofu are very nutritious.**
  비빔밥이나 순두부와 같은 요리들은 대단히 영양가가 높아요.

- **Kimchi, Bulgogi and Galbi are internationally famous too.**
  김치, 불고기, 갈비도 국제적으로 유명하죠.

- **Our family likes to go out to eat.**
  우리 가족은 외식을 즐아해요.

memo

1분 2분 3분 4분 5분 6분

취미에 관해 묻고 답하기

아… 생각나십니까? 하루 전부터 심장이 벌렁거리고 손에 아무 것도 안 잡히던 우리의 첫 소개팅의 순간들. 손에 땀을 쥐고 눈도 못 마주친 채 더듬거리며 상대방에게 묻던 소개팅 남녀의 만국공통 질문. "취미가 어떻게 되세요?" 지금 돌이켜 보면, 상대방의 성품이나 기호에 대해 순식간적으로 다가 파악할 수 있는 아주 쓸데있는 문의 사항이었음에도 불구하고, 왜 그리도 그 당시에는 식상한 질문처럼 여겨졌는지 모르겠네요.

'취미'는 영어로 hobby[하비]입니다. seeing movies, reading[우뤼딩] books, listening to music, collecting stamps[스탬스] 등이 소개팅에서 소개되는 전형적인 여성분들의 hobby인데, 우리 가끔은 솔직해집시다. watching TV all day long[와칭티v비올데일롱], dancing at a night club[댄싱애러나잇클럽], hanging over in the morning[행잉오버인더

몰닝] (아침에 술 잘 안 깨는 의학적 현상) 등등 좀더 현실적이고 재미난 취미들이 발설되기를 바라면서. 적어도 일주일에 두 세 번이 넘는 간헐적인 행위가 당당한 hobby가 되는 게 아닐까요?

일반적인 미국 생활이 우리 한국 생활에 비해 가족 중심적이고 단조로운 패턴이라 그들의 취미도 그저 맥주 마시며 축구, 야구 보기, 마누라 도와 잔디 깎고 강아지 목욕 시키기, 주말에 싸디 싼 동네 골프장에 가고, 아이들과 아이스크림 먹으러 다니는 소박하고 평범한 취미들이 대다수입니다. 그러므로 좀 재미가 떨어진다 하더라도 우리의 대화 소재를 음악과 영화 쪽으로 각도를 맞춰보겠습니다. 네, 네, 재미 없는 소재인 줄 알아요. 저도 밤마다 술 먹고 노니는 음주가무계 이야기를 하고 싶은 건 마찬가지죠. 시작합니다. 건전 취미 이야기.

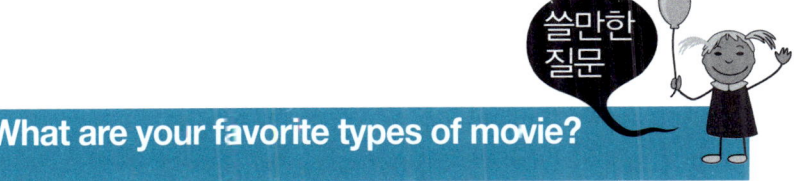

What are your favorite types of movie?

좋아하시는 영화 장르가 무엇입니까? 또 나왔네요, your favorite --- 언제 어디서든 많이 쓰이는 질문이라 말씀 드렸죠? 앞 페이지에서 잘 습득되었으면 지금 고생 안 하셨을 테죠. 그리고, of의 f 발음을 무시하라는 당부 기억하시나요? 그냥 [어]라고 발음하기로 꼭, 재차, 다시 한번, 또 말씀 드립니다. 영화 장르는 comedy[커미디], drama[드래머], action[액션], science fiction[싸이언스f픽션], family movie[f패믈리무v비] 등이 있네요. 저는 개인적으로 comedy와 슬픈 drama가 가미된, 우주인이 나오는 과학소설을 토대로 한 총 싸움 action을 좋아하는데, 그런 종합 선물세트 같은 영화 어디 없나요?

145

Who are your favorite actors?

배우 누구누구를 좋아하시나요? favorite을 끼워 넣은 질문이 또 나왔네요. 발음 주의하시고요. actors 자리에 singers[씽얼스], politicians[폴리티션스], sports stars[스폴스탈스] 등을 넣어 연습하면 아주 쓸 곳 많은 문장이 되니 연습 많이 해두세요. 저도 이제 나이가 나이인지라, 아이들 가르치다 보면 격세지감 같은 것을 느끼곤 합니다. SS501인가 요즘 아이들이 지대(!) 좋아하는 꽃미남 친구들을 '에스에스오영일'로 불렀다가 하마터면 초중고 수강생 다 떨어질 뻔 했다는… 이문세, 신승훈 세대였던 제가 과거 노래방에서 트롯을 즐겨 불렀던 회사 상사들을 꼰대 취급 했던 때가 못내 후회스럽습니다. 잘못했습니다, 부장님.

How often do you see movies?

얼마나 자주 영화관에 가시나요? 말씀 드렸듯이 부부끼리, 또 가족들과 주말마다 영화를 즐기는 것이 미국인들의 대표적인 취미 생활인 만큼, 극장 영화에 대한 이 질문 하나에 주절주절 아주 긴 대답들이 나올 거예요. 최근에 다빈치코드를 봤는데 기대에 부응을 못했다는 등, 주말에 한번 영화를 안 보면 입안에 가시가 돋는다(이런 영어는 없습니닷!)는 등등의. 암튼, often, movies에서의 아랫입술 깨물기 발음을 주의하실 이 문장도 중요한 문장! see movies의 자리에 play golf[플레이고오f프], go out to eat[고아우투이잍](외식하다), travel[츄뢔v부우] 등을 넣어 본다면 취미에 대한 좋은 질문들이 될 것 같습니다.

What style of music do you listen to?

어떤 스타일의 음악을 들으시나요? 어렵지 않은 문법이지만 신경 쓰이는 발음들이 많은 문장이네요. st, sk, sp의 발음이 요사이엔 경음화 현상이 일어나 된 소리가 많이 나는 경향이 있는데, student이 [스따우든]으로 skirt이 [스껄]으로 들리는 이유가 이거죠. 또, of 의 f 발음 또한 너무 크게 들리지 않아야 좋겠습니다. 아예 발음하지 않으면 더 좋을 경우가 있는데, 다음에 자음 발음이 나오면 그냥 [오]로 소리 내어 보세요. 훨씬 부드러워집니다. 다음은 music의 s[z]. 우리의 [뮤직]보다 [뮤식]이라 발음하는 것이 더 좋다고 말씀 드렸죠?

What hobby do you enjoy?

어떤 취미를 즐기시나요? 영화와 음악에 관한 위 질문들에 상대방의 대답이 좀 시큰둥스럽다 싶다면, '그럼 대체 넌 뭐하고 사니?'라는 심정으로 (화는 내지 마시고요) 쓸 만한 질문입니다. 하긴 뭐, 아무리 건전한 대화 자리라고 해서 영화, 음악, 독서에 대한 이야기만 오갈 수 있겠어요? 뱀, 거미 키우기, 낙하산 점프 등의 흥미가 진진한 화제거리도 더러 등장할 수 있을 테니, 관심 있게 들어줄 마음의 준비도 가져주시고요. 하긴 우리의 대표 취미인 '새벽까지 술 마시다 집에 들러 정신 챙겨서 출근하기'보다 엽기적인 취미는 세상 어디에도 찾을 수 없겠지만요.

I like swimming.

전 수영이 취미랍니다. 취미를 일일이 나열하려면 몇 페이지 잡아먹을 테니 (제 귀차니즘 증상이 보이죠?), 대체로 요사이 인기가 많은 playing golf, playing computer games[컴퓨럴게임스], playing cards[칼스](고스톱은 영어가 아니랍니닷!), yoga, climbing mountains[클라이밍마운은스](t발음 크게 안나도록)를 예로 들 수 있겠어요. like 다음에 명사가 오면 그대로, 동사가 오려면 ~ing나 to를 사용하여 말씀하시라는 따분한 문법 설명 좀 드리면서. I like soccer. I like playing soccer. I like to play soccer. 이렇게요. reading books가 취미인 분들 중 '독서가 취미예요' 하셨다가 갑자기 영어 문학 토론회로 돌변한 대화 장소에서 한없이 작아져만 가는 본인을 발견했다는 일화도 있으니. 대화 소재는 웬만하면 일반적인 걸로다가 선택하세요.

I do it two times a week.

일주일에 두 번 그 짓(실례! '것'으로 정정!)을 합니다. 얼마나 자주 하느냐에 대한 설명으로, 위 문장인 취미 소개와 연결해서 연속적으로 한 문장처럼 말하는 게 좋겠어요. I like playing golf, and I do it three times a week. 이 정도로 말의 양을 늘려나가는 것이 수다쟁이가 되는 지름길입니다. 관련 있는 외운 문장을 자꾸 한 문장으로 연결해서 자기 것으로 만드는 이러한 노력 아끼지 말아 주세요. 참, I do it more than seven times a week.이라고 자기 취미 소개하는 분들이 제 수강생들 중 다수 있던데, 이 정도면 취미가 아니라 직업 아닐까요? golf 하시는 사장님들이 많으셨는데, 취미는 취미일 뿐, 집에서 기다리시는 사모님들 생각도 하십시닷! 같이 필드에 나가신다고요? 네.

I like action and thrillers.

액션과 스릴러물을 좋아하죠. 영화 이야기가 펼쳐지건 각자 좋아하는 장르나 배우들에 대한 이야기를 몇 개씩 준비해두는 게 좋을 것 같습니다. --- always impresses me.[---올웨이심프뤠씨스미.](항상 제 관심을 끄는 건 ---죠.) 등의 문장이 유용할 것 같은데요. 빈칸에 a big twist[어빅트위슽](큰 반전), actors performance[액털스펄f포먼스](연기자들의 연기), colors and scales[컬러샌스께일스](색채감과 규모) 등, 들어갈 말들이 있을 거예요. 아, thriller의 발음이 대단히 어렵습니다. l 발음 앞의 i는 다소 [이]라기 보다는 [으]에 가까워야 합니다. 그리고, silk는 [씨으ㅋ], milk는 [미윽]이라 들리는 이유는 l의 소리가 혀 끝이 입 속 중앙 천장에 닿을 정도로 구부리는 게 아니라 혀를 45도 정도로 들어올려 끝을 윗니 뒤로 붙이기 때문이죠. 어렵긴 하죠? 연습!

I enjoy classical music but I appreciate all kinds.

클래식 음악을 즐기긴 하지만 모든 음악을 감상(이해)합니다. 약간 내숭적인 측면이 엿보이는 내용이 없진 않지만, 쓰레기 차량 후진 시 [베th토븐]의 '엘리제를 위하여'가 울려 퍼지는 우리의 일상에서 클래식 음악이 얼마나 우리와 밀접하냔 말입니다. 히히. 좌우지간에 트롯이니 댄스 뮤식이니 너무 실생활 고백성 언급보다는 자신의 이미지를 보강 업그레이드 시키는 이러한 노력, 다시 생각해 보니 이게 바로 내숭이군요. 왼쪽 엉덩이와 좌측 힢의 차이랄까요. 참고로, 우리가 좋아하는 ballard[벌랄드](발라드)의 의미는 '느리고 조용한 노래'라는 뜻이 아닌 '가사 위주의 음악'이라는 것과, pop song이라는 노래들은 '영어 노래'라는 뜻이 아니라 '인기곡'이라는 의미랴 심지어는 '학교종이 땡땡땡'도 pop song의 하나라는 것, blues라는 음악 장르도 미국 남부 흑인 음악의 우울한 음악인 게지 절대로 남녀가 어두운 곳에서 껴안고 뱅뱅 도는 춤곡이 아니라는 것, 알아두시기 바랍니다. 이런 의미로 쓰려면 blues는 slow dance로 바꾸어야 하죠.

I try to make time as it relieves my stress.

고것이 내 스트레스 해소에 보약이라 시간을 좀 내려 하죠. 취미에 대한 수다 중 빠져선 안 될 중요한 문장 중 하나입니다. r 발음과 l 발음이 버젓이 동거하고 있는 relieves의 발음에 주의하시길 당부합니다. 입술과 혀의 엄청난 움직임 포스를 필요로 하는 [우뤨리v브스]. 취미의 궁극적인 목적은 여가 선용을 도모하여 보다 높은 삶의 질을 구가하는 것이라는 학자적인 해석의 수준도 필요할진데 저 같은 사람은 그저 짜증스런 일들을 잊기 위해서라죠. 여러분은 어때요? 저도 격조 높은 말을 하는 사람이 되고 싶지만 가끔 그런 말을 하려 하면 제 주위 사람들은 웃기만 하던데요. 그냥 생긴 대로 살기로 해요.

다다익선을 모토로 인생을 살고 있는 사람이라, 제 취미 또한 시골 잡화점식 다양 난무한 성향으로 흐르고 있습니다. 농구, 축구, 야구, 당구, 볼링을 너무 사랑하여 얼굴이 공처럼 둥그스름하게 변해가고 있으며, 피아노, 기타, 첼로 등을 돈 안 들이고 배워 딴따라의 피가 흐른다는 어느 점쟁이의 말씀도 들었고, 50만 명 돌파 영화는 거의 하나도 안 빠뜨리고 보고 있고, 제주도의 바다를 너무나 사랑하는 관계로 바다 낚시, 수영을 틈틈이 즐기고 있습니다. 재미있는 꽁트(야설 말구욧!)를 즐겨 쓰기도 하며 음주가무, 카드놀이 등등… 취미가 많으니 여러 사람들 사귀고 일하는 데서 힌트를 얻는 일도 많지만, 여러 우물 파기라 인간이 대체 정체성이 없다고나 할까요? 한 취미를 오랜 친구처럼 길이길이 보존하는 게 나을까요, 아니면 깊이는 다소 없다손 치더라도 두루두루 섭렵하며 사는 인생이 좋을까요?

취미에 대해 얘기할 때 꺼내보는

수다노트 10

 쓸만한 질문

- **What are your favorite types of movie?**
  좋아하시는 영화 장르가 무엇입니까?

- **Who are your favorite actors?** 배우 누구누구를 좋아하시나요?

- **How often do you see movies?** 얼마나 자주 영화관에 가시나요?

- **What style of music do you listen to?**
  어떤 스타일의 음악을 들으세요?

- **What hobby do you enjoy?** 어떤 취미를 즐기시나요?

 수다 보따리

- **I like swimming.** 전 수영이 취미랍니다.

- **I do it two times a week.** 일주일에 두 번 그것을 합니다.

- **I like action and thrillers.** 액션과 스릴러물을 좋아하죠.

- **I enjoy classical music but I appreciate all kinds.**
  클래식 음악을 즐기긴 하지만 모든 음악을 감상(이해)합니다.

- **I try to make time as it relieves my stress.**
  그것이 내 스트레스를 해소시켜주기 때문에 시간을 좀 내려 하죠.

memo

1분 2분 3분 4분 5분 6분

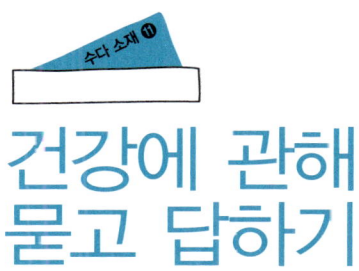

건강에 관해
묻고 답하기

몇 년 전인가 학원에서 제가 가르치던 어느 초등학교 어린이 한 분께서 "이 세상에서 가장 중요한 건 머니머니해도 머니예요."라는 말씀을 하시는 걸 보고 약 3분 동안 다물어지지 않는 입을 주체할 수가 없었습니다. 훌륭한 교육자로서 거듭나고자 무진 애를 쓰고 있는 저는 "얘(속으로는 이 자식아), 돈보다 중요한 게 얼마나 많니? 건강, 가족 그리고 또 꿈 같은 것." 그랬더니 요놈들이 "에에에에이~" 하며 집단적으로다가 제 다분히 교육적인 가르침에 야유를 퍼붓더군요. "얘덜아, 아프면 돈이고 뭐고 벌 수도 없어요." 라 구차스레 덧붙이자 "아프면 부동산이나 주식을 사놓고 놀면 되죠."라 했습니다. 여러분. 훈계하느라 몇 십 분을 소비하고 수업을 끝내고 나서, "수강료 아직 덜 낸 친구들 내일까지 꼭 내렴."이라 큰 소리로 울부짖었던 기억이 저를 밤잠 못 자게 만듭니다. 필시 저 같은 기성 세대들이 우리 아이들을 그렇게 만든 게지요.

이번 대화 소재가 '건강'임에도 불구하고 돈 얘기로 시작된 이유는 아마도 언제나 제 인생에 건강과 돈 문제가 반비례로 작용했다는 생각이 있기 때문일 겁니다. 돈 되는 일 하나 손에 잡히면 몸이고 뭐고 밤낮 몰두해야 하는 나이여서 그럴 테죠. 일과 건강, 두 마리 토끼를 한꺼번에 싸잡을 수 있는 슬기가 언젠가 내 머리 속에 생기리라는 장담 못할 기대를 해보면서, 이 단원을 시작하기로 합니다.

미국 사람들에게도 건강은 대화하기 좋은 화두입니다. 우리와 대화할 확률이 높은 연령층인 미국 중장년층도 우리처럼 "에구, 예전 같지가 않아."라며 몸 걱정을 달고 사는 건 마찬가지고, 자신들의 몸에 좋은 먹거리 장보기며 어디 숨어 있을지 모를 병 찾기에 관심이 지대한 사람들도 대다수죠. 젊은 사람들 역시 멋진 몸 만들기에 여념이 없어 웃통 벗고 동네 뛰어 다니거나 시설 좋은 헬스클럽들이 장사가 잘 되는 것을 많이 봅니다. 또 역시, "몸 좋으신데요."라는 한 마디 칭찬에 기분이 좋아 대답이 주절주절 나올 수 있는 금상첨화의 영어 소재인지라, 꼭, 반드시, 틀림없이 우리 입에 달아 놓읍시다.

You look great.

좋아 보이시네요. 앗, 이건 질문이 아니네요. 그러나 건강을 소재로 상대를 끌어 들이기 위한 가장 효과적인 문장이니 언제나 기억해 두세요. look의 l 발음과 great에서의 -t 발음의 차별화, 이젠 잘 되는 거죠? 좋은 말도 삼세번이라는 우리 속담을 무시하면서 저와 오래간만에 만난 미국 친구에게 You look great today.를 시간 날 때마다 약 10회 정도 처방해주었더니 더더욱 기뻐하며 술까지 샀던 일이 있었는데, 미국인들이 더 참을성이 많아서였을까요, 아니면 내 꿍꿍이에 대한 둔감함 때문이었을까요? 오늘 당장 옆에 계신 분께, "오늘 자기 무지 예쁘네." 해 보세요. 대턴에 "너 또 뭘 잘못했냐?"는 말 듣기 99%! 그들이 순진한 건지 우리가 배배 꼬인 건지.

What do you do to stay healthy?

건강을 유지하기 위해 하시는 짓거리가 무엇이지요? 우선, health나 help와 같은, 우리 나라에서 고생하고 있는 발음을 좀 짚고 넘어가고자 합니다. 소위 [헬쓰]와 [헬프]라 불리우는 단어들은 l 자라는 우리에게 꽤나 성취 난이도가 높은 발음 때문에 도저히 미국인들 귀에 쏙 들어가기 힘듦을 가져다 줍니다. 혀를 구부리지 말고 약 45도 각도만 들어올려 끝을 윗니 뒤로 가져가는 것 아시죠? 그리하면 자연스럽게 [헤윹], [헤윺]의 소리가 나도록 유도될 터에요. "헬프미"라 소리치는 물에 빠진 사람의 절규가 "Hell(지옥) Poo(똥) Me(나)"로 들리면 과연 몇 명이나 빠른 속도로다가 그를 구하러 갈까요? 하긴, Hell's[헬스](지옥의) Club에서 운동을 한다면 악마들의 살벌한 감시가 살 빼는 데엔 효과만점이긴 하겠지만.

Do you exercise regularly?

규칙적으로 운동하십니까? r과 l이 짬뽕점철된 발음의 [우뤠귤럴리], 조심히 연습하시고요. 무엇보다도 몇 년 동안 규칙적으로 빠지지 않고 운동을 해오신 분들께 심심한 존경의 말씀을 드립니다. 독자 분들 중에서도 많겠지만 대체

이 분들의 의지나 집념의 출처는 어디인 거죠? 윗몸 일으키기 사흘, 아령 이틀, 수영 하루, 음주 일주일의 정기적인 패턴의 운동을 쉬지 않는 저의 복근은 이젠 근육과 지방이 혼합되어 '왕' 자는 '왕' 자인데 한글 '왕' 자의 형태에 더 가깝다는… 각설하고 이 질문은 위 질문인 What do you do to stay healthy?와 쉬지 않고 연결해 상대에 묻는다면 더 듣기 좋은 대화가 될 수 있을 거예요.

Vegetarian?

채식주의자예요? 와와와 정말 간단한 질문 하나가 출현했습니다. Are you a vegetarian?이 정확한 문장이겠지만서도, 대화가 무르익고 서로 화기애애 설왕설래가 계속되는 분위기가 이뤄지고 있다면 가끔 이와 같은 한 단어로만 된 질문도 던져보세요. All right?[아우롸잇] (괜찮아?), English?(그거 영어야? —못 알아들었을 때), Break?[브뤠잌] (좀 쉴까?), Question?[쿠에스천] (질문?) 등등 간단하면서도 센스있게 들리는 한 단어 질문들도 있죠. 느끼하건 심심하건 주는 음식 뭐든지 잘 먹는 우리와는 달리 한국에 방문한 미국 사람들 중 자기 취향의 음식이 아니면 No thank you.를 서슴지 않는 사람들이 있는데, 그런 경우 얄밉기도 하고 무안하기도 하지만 그저 내버려 둡시다. 사람들 앞에서는 토끼처럼 먹다가 집에 가서 햄버거 두 개씩 먹고 자는 지 며느리가 알겠어요?

What do you think of people using surgery for looks?

예뻐지려고 수술하는 사람들을 어떻게 봐요? 기나긴 문장이니 신경 쓸 발음들도 많네요. What do you think of …?의 질문은 절대적으로 많이 쓸 수 있으니

[워루유th씽업…]을 노래하듯 연습하고 있어야 합니다. people가 [피쁘]로 소리 나는 것과 for looks(외모를 위해)의 l 발음, 다시 한번 강조 드리는 바입니다. 이 질문 상당히 길어 외우기가 쉽지 않아 보이긴 한데요, 반면에 상당히 응용처가 많으니 한번 익숙해져서 다음 문장에 써 보세요. "그 음식 먹는 사람들을 어떻게 생각해?(What do you think of people eating the food?)" "그런 짓거리 하는 놈들 어떻게 생각해?(What do you think of people doing such thing?)" "사람들 앞에서 뽀뽀하는 애들 어떻게 봐?(What do you think of people kissing in public?)" 등등… 많죠?

I used to lift but not now.

소싯적에 역기 좀 들었었는데 지금은 (시간이 영 안 나서)… used to라는 과거 습관에 대한 조동사를 잘 기억하셨다 써 보세요. 옛날 즐겨 했던 활동이나 행위들을 설명할 때 좋은 어구죠. I used to be good.(과거인 잘 나갔었는데.), I used to stay late when studying.(공부하면서 밤샘이 특기였는데.) 등의 과거 추억에 대한 무한한 동경 또는 현재 자신의 꼬라지에 대한 변명성 언급에 더 없이 적당한 표현이죠. 들어올린다는 의미의 lift는 역기뿐 아니라 엘리베이터나 자동차 태워주기 등의 대화에도 잘 쓰인다는 것도 알아두시구요.

I go to the gym three times a week.

일주일에 세 번은 체육관에 가죠. --- times a week(day/month/year)라는 말이

한 단어처럼 부드럽게 나오도록 연습하세요. 그 후 특정의 소재(골프나 컴퓨터 게임, 가족과의 외식, 파티 및 회식 등등)가 나온다면 I do it --- times a week. 의 간단한 문장으로 답할 수 있습니다. 사실, I go to the gym everyday.라는 문법적으로 완벽한 문장이든, Oh gym? I do it everyday.와 같은 회화체 문장이든 상대방이 알아듣는 건 다 똑같죠. 먼저 화제가 되는 단어를 던져 놓고 I do it, I can do it, I will do it, I did it 등 기본적인 문장을 이용해 말을 잇는 방법도 좋은 영어 수다법이라고 힘차게 외친답니다.

I am on a diet and watching my weight.

식이요법중이고 몸무게 좀 신경쓰고 있죠. 한국에서 오해되어 사용되는 단어 중 하나, diet. '식생활' 또는 '식이요법'으로 해석해야 하는데, 우리에겐 왠지 "다이어트 성공을 원하십니까?"라며 운동기구를 타는 아리따운 모델의 모습이 겹치면서 diet이 '살빼기'로 오인되는 상황인데요. 빼빼 마른 KBS(갈비씨)분들도 살 찌우기 위해 식이 요법을 한다면 이도 역시 diet인지라, 다시 생각해 볼 단어 맞죠? 몸무게 느는 것에 조심한다는 watch my weight도 좋은 표현이니 애용해주세용. 똥배 집어넣어야 한다, 군살 빼기에 열심이다… 요런 거 영어로 어떻게 말할까 고민할 시간에 watch my weight 하나라도 자기 것으로 만드는 이 정신. '나는 한 놈만 패.'라는 어느 조폭 영화 대사가 생각납니다.

I try to eat well and stay away from junk food.

잘 먹으려 애쓰고 안 좋은 음식을 피하려 합니다. 먼저 stay away from ---, 이 표현의 사용처가 많습니다. '안 하다', '피하다', '멀리 하다'의 뜻이니 우리 주위에 넘쳐나는 악재인 smoking, drinking, gamble, girls(?), caffeine 등을 연결하면 좋은 문장이 나올 수 있겠죠? Stay away from smoking. 뭐 지키긴 어려워도 말하기는 쉬운 말이네요. 그리고 안 좋은 음식이라는 junk food는 햄버거, 피자, 감자튀김, 콜라, 사이다, 혹은 통조림 등 빨리 나오고 맛만 좋고 열량 많은 일명 fast food들이 이들인데, 새로운 인류의 적으로 대두하고 있는 넘들이죠. 한 달만 신경 안 쓰면 제 배가 풍선이 되게 하는 주범 중 하나이기도 합니다. 왜 맛있을수록 해로운 건가요? 네?

I have been suffering from a cold.

감기 걸려 고생 좀 했었죠. cold는 '추운', a cold는 '감기'. a cold 자리에 flu(독감), headache(두통), toothache[투th쎄잌](치통), fever[f피v벌](열), high blood pressure[하이블런프레셜](고혈압)을 넣어 자신의 증상에 대해 말해 보세요. 괜히 간염이나 무좀, 치질 등 극악스런 병명은 굳이 밝힐 필요는 없 겠죠? '---로 고생하다'의 suffer from도 유용합니다. 병명뿐 아니라 poverty(가난), disaster(재해), war(전쟁) 등을 넣어 써도 좋겠어요.

건강을 걱정해준답시고 간혹 결례가 되는 질문을 던지는 경우를 옆에서 보면서 흘린 제 등줄기의 진땀이 아마 반 양동이는 채울 거예요. 상대방의 안색이나 외모와 인상에 연관되는 말이니만큼 일관적인 질문을 하시되, 상대에게 상처가 될 수 있는 다음 두 질문과 같은 저돌적인 것들은 제발 말아주세요.

사고나 병으로 아파하는 상대를 보며 Why did it happen?(왜 그랬어?) why가 아니라 how로 시작되는 질문이 되어야겠죠. 누가 내게 "너 여기 왜 왔어?"라 한국말로 물어도 때려주고 싶던데, 안 그래요?

You look tired.나 **You look sick.** 생긴 게 원래 그런 사람에게 이 질문 날라가면 상대방 무지하게 기분 나쁠 테죠. 누워 있거나 병원에 있을 사람이 여기 왜 왔냐는 것처럼 들린다면 내가 좀 비약스럽지만서두요.

좌우지장지지간에 여러분, 건강이 최우선이라는, 두 번 말하면 입술 부르틀 잔소리 한 번 더 합니다. 건강이 있어야 사랑도 있고(아무리 불치병 영화가 운치가 있어도), 돈도 있고요(돈 많이 못 버는 제가 어떻게 아냐구요? 쩝), 그리고 영어도 있죠(담배 많이 피우면 문장 안 외워집니다). 잠깐 밖에 나가서 동네 한 바퀴 전력질주라도 한번 해 보심이…

건강에 대해 얘기할 때 꺼내보는
다노트 11

- **You look great.** 좋아 보이시네요.
- **What do you do to stay healthy?** 건강을 유지하기 위해 하시는 게 무엇이지요?
- **Do you exercise regularly?** 규칙적으로 운동하십니까?
- **Vegetarian?** 채식주의자세요?
- **What do you think of people using surgery for looks?**
  예뻐지려고 수술하는 사람들을 어떻게 봐요?

- **I used to lift but not now.**
  예전엔 역기 좀 들었었는데 지금은 안 하네요.
- **I go to the gym three times a week.**
  일주일에 세 번은 체육관에 가죠.
- **I am on a diet and watching my weight.**
  식이요법중이고 몸무게 좀 신경쓰고 있죠.
- **I try to eat well and stay away from junk food.**
  잘 먹으려 애쓰고 안 좋은 음식을 피하려 합니다.
- **I have been suffering from a cold.**
  감기 걸려 고생 좀 했었죠.

memo

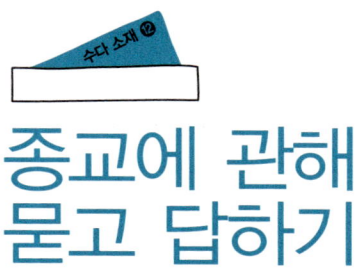

종교에 관해 묻고 답하기

길거리를 지나다가 "도를 아십니까?"하며 주구장창 따라붙는 젊은 사람들을 볼 때나 비행기 착륙을 위해 서울을 내려다 보며 수많은 교회 십자가 수를 셀 때도 우리 한국인들의 종교 활동이 얼마나 적극적이고도 역동적인지 알 수 있을 것 같아요. 한국 빠삭파라 자처하는 어느 미국 바이어에 의하면 종교를 갖고 있는 한국인들의 비율이 80%가 넘는다는데, 이 몸을 비롯하여 제 주위에는 왜이리 무종교자 내지는 무신론자들이 많은지. 타 종교는 그르고 우리 신이 유일한 양반이라고도 하고, 못되게 살다가 죽으면 다음에 똥개로 태어난다느니, 돌아간 사람들에게 소홀하면 뒤로 넘어져 코가 깨진다 등등… 나이가 점점 들어가는 저도 이제 종교 하나쯤 가져야 하는 게 아닌지 걱정이 되는 게 사실인데요, 혹시 서양 신을 믿는다면 영어가 더더욱 능통해지지 않을까라는 생뚱맞은 생각도 해 봅니다.

대다수 미국인들의 종교 생활은 대부분 조용합니다. 제가 만난 미국인들 중, 찬송가를 크게 부른다거나 성호를 긋고 기도를 한다거나 그렇다고 때가 되면 어딘가에 엎드려 절을 했던 사람들은 없었습니다. 식사 전 Thank you for yummy yummy dinner!![th땡큐f포여미여미디널](맛나디 맛난 저녁주셔서 땡큐!!)와 같은 재치 넘치고 생활에 친근한 기도를 했던 친구도 있었네요. 참, 일요일에 부부끼리 손잡고 교회에 나가 한두 시간 마음을 정리하는 모습이 제게 떠오르는 미국인의 종교 생활의 모습입니다. 그러니, 파르스름한 머리로 고행을 하는 불자분들이나, 신을 위해 죽음을 불사하는 이미지의 중동 사람들, 신나게 노래하고 춤추며 신을 숭배하는 흑인분들, 그리고 기일마다 조상을 위해 음식을 정성껏 준비하는 우리를 보며 신기해 마지 않는 그들의 호기심이 당근이겠지요.

다른 나라 문화는 언제나 신기하고 궁금한 일입니다. 우리도 신발 신은 채 침대에 벌러덩 눕는 미국인들이나 바퀴벌레와 흡사한 곤충을 우기적우기적 씹어먹는 동남아인들이 생소하게 비춰지는 것처럼 말이죠. 자, 우리 미국 사람들과 종교에 관한 이야기를 할 준비를 합시다. 우리의 대화 무기는 다음과 같습니다.

Do you practice a religion?

종교 생활을 하시나요? 먼저 발음! practice나 apple, taxi와 같이 [애] 발음이 필요한 a가 있을 경우, 입을 횡으로 마구 찢어 과감한 소리가 나야 합니다. 부끄럼 타는 소극적인 분들이 [프렉티스], [에플], [텍시]로 소리내어 뜻밖에도 상대방이 되묻는 상황도 벌어지곤 하는데, [참외]가 [참왜]와, [외삼촌]이 [왜삼촌]과 거의 차이가 없는 우리 발음상, '애'와 '에'의 구별이 생각보다 까다롭습니다. 차이가 없어 보인다면(입이 좀 작다 생각되시는 분들^^, 특히!) 차라리 [프뢱티스], [아뽀오], [탁씨]로 해보세요. 전달이 더 용이하리라 봅니다. 입술 모아야 하는 r 발음과 혀가 입천장에 닿는 l이 동거하는 religion 소리내기 역시 쉽지 않은 단어, 아시죠?

Do most people go to church?

사람들 대부분 교회에 다니나요? people이나 apple, simple처럼 l 발음으로 끝나는 단어들은 [피뽀오], [애뽀오], [씸뽀오]로 소리나야 한다는 거 다시 한번 강조합니다. 미국 사람들은 역사적으로 기독교와 함께 이주해 왔고 정착하고 그리고 정치·문화적으로 성장해온 거 모두 알고 있는 사실이죠. 근래에는 불교에 심취해 승려가 되고자 동양을 찾는 젊은 인텔리들이나, 자신의 뿌리를 찾아 이슬람식으로 개명하는 흑인 스포츠 스타들도 있습니다만. 말씀 드렸듯이, 보편적으로 우리처럼 종교에 열성적인 미국 사람들을 보지 못한 관계로다가, 아마 신이 부활합네, 천국행 티켓이 여깄네 운운하는 대화 상대는 없을 거예요. 교회 안 나오면 장사 망한다고 했던 옆집 뚱뚱이 아줌마가 문득 뇌리를 스치네요.

What is your church like?

당신 교회는 어떻게 샹겼나요? 쓰임새 정말 많은 What is your --- like?이 다시 한번 등장했군요. What is your 부분에서 발음이 [왓스열]로 되면 좋다는 거 기억하시나요? What is your office like? What is your house like? What is your hometown like? What is your car like? 생김새, 모양, 분위기를 알고자 할 때 쓸 만한 질문으로 강추! 뒷부분 like을 [을라잌]으로 소리내지 않고 [라이크]로 발음하시는 분, 옐로카드! 단, 이 질문은 위 첫 질문 Do you practice a religion?의 대답으로 Yes. I am a Christian. 등의 대답을 듣고 난 후 질문해야 한다는 점. "무교입니다."라고 한 사람에게 이런 질문했다가 대화 단절 후 좌절모드로 서로 담배만 뻐끔뻐끔 피울 가능성 90%.

What do you think of foreign religions?

외국 종교들에 대해 어떻게 생각하세요? 자신의 지적 수준에 자신 있어 하는 상대로부터 왕수다 대답을 들을 수 있는 아주 안전하그 편리한 질문법, What do you think of ---?[우어르유th띵컵---](---에 대해 어떻게 생각하세요?) 그들에게 이색적인 동양 종교 철학이나 한창 국제 이슈가 되어 온 중동 종교, 새로운 교황에 대한 이야기 등등 박학다식 이미지를 굳히겠다는 상대방의 설명과 해설은 거의 SBS 신문선 해설 위원급으로 봇물 터질 테고, 그동안 우리는 다음 질문이나 생각하며 숨고르기 하고 있으면 됩니다. 아시죠? 대화 중 우리의 기술인 '상대방에 책임 전가하기'. What do you think of ---?가 그 필살기 중 하나랍니다. foreign religion, 발음 다시 한번 연습해 보세요. [f포륀륄리젼].

What are the major celebrations in your religion?

당신 종교에서 주요 행사가 뭐뭐가 있죠? 기독교의 경우 성탄절, 부활절, 추수감사절 등이 미국에서 주요 행사들, 맞죠? 부활절이 달걀 완숙의 날, 성탄절이 산타클로스의 생일이라고 오랜 기간 인지했던 불우한 유년 시절을 보낸 저로서는 서양 종교 행사를 설명하기가 그리 쉽지 않습니다. celebration과 같은 -tion, -sion으로 끝나는 단어들 대부분의 강세가 이 부분 바로 앞, 그러니까 celebration의 -bra-에서 이뤄져야 합니다. 절대 음감이라는 게임이 한동안 인기였죠? 한번 해볼까요? (1) 쎌러브뤠이션 (2) 쎌러브뤠이션 (3) 쎌러브뤠이션 (4) 쎌러브뤠이션 정답은? (3)번!

I am Catholic/Christian/Buddhist.

전 천주교/기독교/불교 신자입니다. 언젠가 이 문장 누군가에게 가르쳐 드렸더니 외국인에게 이 문장 전부 다 말했다고 자랑하시더군요. '어느 종교건 닥치는 대로 다 믿어요.'라는 말이 되어버렸으니 눈이 동그래졌을 상대방의 표정이 안 봐도 삼천리. 하나만 선택합시다 여러분. 여러 신을 모실 수 있는 넓디넓은 마음도 좋지만, 신기함에 호기심에 신문 기자처럼 연신 쏟아 부을 상대방 질문의 바다에 어디 한번 빠져 보실랍니까? 아서십시다. Catholic의 발음은 공포의 발음. 입을 쫙 찢어야 할 a[애] 발음과 혀끝이 입 밖으로 나올 th[씨] 발음. 잘 하고 계시나요? 근데, alcoholic[앨코홀릭](알코올 중독), workaholic[월코홀릭](일 중독), shopaholic[쉬아퍼홀릭](쇼핑 중독) … 다

홀릭 패밀리들인데 왜 이들은 Catholic처럼 바람직한 애들이 못 되는 거죠?

I'm not in an organized religion.

종교 조직에 있지는 않습니다. '안 믿어요', '종교 없어요'라는 말보다 좀 '있어' 보이는 말이죠? 아닌가요? 나쁜 짓거리 할 때마다 '나도 이제 종교를 가져 회개라도 좀 하고 살아야겠다' 하시는 분들에게 이보다 좋은 말은 없다고 봐요. 하느님, 부처님은 믿는데요. 시간이 안 나서 교회, 절은 아직 못나가고 있으니깐요. 맞죠 김부장님? 저도 그래요. organized의 끝 부분의 발음. 특히 많은 과거분사가 ed로 끝을 맺을 경우. 절대로 [-드], [-트]로 끝 발음을 소리 내지 마십시다. 영어 단어 끝 발음 안 내기 범국민적 운동에 동참을 하시든가, 싫다면 five를 [파이브]로, soccer를 [싸커르]르, Tom을 [토무]로 발음하시든가.

Most Koreans perform religious service for their ancestors.

한국 사람들 대개 조상들께 제사를 드립니다. 좀 어려운 단어들이 들어있는 문장이지만 연습해 보세요. 우리 나라 종교 생활 중 외국인들이 관심 가질 만한 장면을 묘사해 주는 문장이니까요. perform은 '실행하다', religious service는 '제사', ancestors는 '조상'입니다. 여기에 on special days like Korean Thanksgiving Day or New Years day[온스페셜데이스라잌커뤼언th땡스기v빙데이올뉴열스데이](추석이나 설날 같은 명절에)라는 문구를 넣으면 더더욱 금상첨화겠는데요. 와 이렇게 어렵고 긴 문장을 우리가 해낼 수 있다니. 힘냅시다 여러분. 우리 할 수 있어요!

One-third is Christian, another one-third Buddhist, and the other no religion.

1/3이 기독교, 1/3이 불교, 나머지가 무교죠. 한국 종교 분포를 어느 외국인에게 들었다 말씀 드렸죠? 대충 맞는 통계라 보고 이와 같이 소개해 보기로 합니다. 분수나 열거 연습하기에 좋은 문장입니다. 특히 두 개 이상을 나열할 때, and 을 맨 끝에만 사용하고 반복되는 be동사 등은 생략하는 것, another와 the other의 사용 위치를 잘 살펴보시구요. 다음을 연습해 보세요. "한 사과는 하얗고(이런 사과가 어딨어?-_-), 그 다음 사과는 노랗고, 마지막 사과는 빨갛다." An apple is white, another yellow and the other red. 맞았어요? 틀렸으면 맞을 때까지!

I think any religion should be respected.

어떤 종교든 존중되어야 한다고 믿어요. 그렇죠. 괜히 전쟁 유발이 어떻고, 그 나라 종교 이상하다, 이해불가다, 이러다가 오해를 산다거나 언쟁이 시작되면 저 책임 못 집니다. 어떤 종교, 문화도 인정하고 존중해 주는 매너와 센스! 글로벌 인재로서의 첫걸음이라는 말씀. 특히, religion의 자리에 idea를 넣어 애용해 보세요. 사무실에서나 학교, 가정에서도 민주적인 인물이 말함직한 문장이 됩니다. 중용의 미덕, 그룹 리더로서의 갖추어야 할 첫 덕목. 그래서 저는 그룹 총수가 못 되나 봐요. 헷.

종교 이야기 마치려고 합니다. 괜히 이 종교 저 종교 심기나 불편하게 하지 않았나 다시 한번 읽어봐야겠습니다만서도, 이 자리를 빌어 자기 종교를 너무 타인에게 강요한다거나 타 종교와 대립이 불거져 인상 찌푸릴 일들이 생기지 않았으면 좋겠어요. 하느님이나 부처님, 알라신 또는 여러 신령님, 기타 종고 지도자들 연합회에서도 이런 거 별로 바라진 않을 것 같은데.

비좁은 지하철 안에서 안 믿으면 지옥 간다 반 협박 설교를 들으며 기분 싸아아~해지는 것보다, 자기 종교 어깨띠를 두르고 거리 청소하는 분들을 볼 때 나도 이제 종교 하나쯤은 가져 내 마음도 청소하고 남 좋은 일도 해보고 살아야 하는데 하고 느끼죠.

주제넘은 소리 그만 하구요. 우리 이 책 읽고 영어 잘하게 되면 온 종교인들하고도 체하지 않고 식사할 수 있다는 약간의 장삿속 멘트를 뻔뻔스레 날립니다. 영어 공부 열심히 합시다. 여러분, 믿습니까?

종교에 대해 얘기할 때 꺼내보는

수다노트 12

쓸만한 질문

- **Do you practice a religion?** 종교 생활을 하시나요?
- **Do most people go to church?** 사람들 대부분 교회에 다니나요?
- **What is your church like?** 당신 교회는 어떻게 생겼나요?
- **What do you think of foreign religions?** 외국 종교들에 대해 어떻게 생각하세요?
- **What are the major celebrations in your religion?** 당신 종교에서 주요 행사가 뭐뭐가 있죠?

수다 보따리

- **I am Catholic/Christian/Buddhist.** 전 천주교/기독교/불교 신자입니다.
- **I'm not in an organized religion.** 종교 조직에 있지는 않습니다.
- **Most Koreans perform religious service for their ancestors.** 한국 사람들은 대개 조상들께 제사를 드립니다.
- **One-third is Christian, another one-third Buddhist, and the other no religion.** 1/3이 기독교, 1/3이 불교, 나머지가 무교죠.
- **I think any religion should be respected.** 어떤 종교든 존중되어야 한다고 믿어요.

memo

수다 소재 ⑬
정치·경제에 관해 묻고 답하기

우리 나라 직장인 술자리 대화 중 신나는 스포츠, 약간 야한 이야기와 1, 2위를 다투고 있다는 정치·경제 이야기. 참 할 말도 많죠. 요사이엔 참으로 화나게 하고 실망을 안겨다주는 뉴스밖에 없어 아쉽습니다. 쉬운 문제들이 아니라는 것은 알지만 정부 관계자나 국회에 출근하시는 분들, 좀 열심히 할 수는 없나요? 오직 관리비 인하만을 위해 동분서주 뛰어다니는 우리 아파트 주민회장 수진이 엄마처럼만 한다면 완벽업무, 인기만발 두 마리 토끼 다 잡는 건데. 언젠가 좋은 날들이 오겠죠?

미국 사람들 역시 자신의 대통령과 정부 정책에 대해 관심이 높아 이야기가 터지면 몇 시간이고 의견 나눔이 계속됩니다. 부시 대통령에 관해서 논쟁이 시작되고 이라크, 북한에 대한 정부 태도를 비판, 옹호하기도 합니다. 그러나 문제는 대화에 참여하는 한국 사람들, 이 소재에 대한 대화가 깊어지면 대화 참여가 현저히 소극적으로 된다는 게 문젠데. 뭐, 전문 지식은 둘째 치고라도 영어가 딸리는데 무슨 말을 해? 하는 식의 자기 과소평가가 주된 이유가 됩니다. 우리 일상에 관해 이야기를 하거나 내가 하는 업무에 대해 이야기가 나오면 대화가 잘 이뤄지듯, 이런 좀 복잡해 보이는 소재도 예닐곱 개의 18번 문장이 있다면 대화 참여에 문제는 없어 보일 거예요. 모두들, 자신감을 갖구요. 자, 지금부터 정치·경제 이끄는 분들, 귀 좀 간지럽게 해드립시다. 그것도 영어로. 그 쪽 분들 뒷담화 좀 하겠다는데 얼마나 좋아? 한국어로 영어로 양 사이드로 비판이 가해진다면 장수 유지에도 도움되겠네요 뭐.

좀 어려운 소재라 정치 경제에 관한 기본 단어를 알고 갑시다. President [프뤠지던](대통령), election[일렉션](선거), vote[v보웉](투표), policy [팔러씨](정책), government[가v벌ㄴ먼](정부), senate[쎄닛](국회), politics[팔러틱스](정치), economy[이카너미](경제), currency[커런씨](통화), market[말킷](시장), industry[인더스트뤼](산업), prices[프롸이씨스](물가), taxes[택씨스](세금). 발음 연습 몇 번 하신 후 시작하심이 옳은 줄 아뢰옵니다.

쓸만한 질문

How is your president running your country?

당신 나라 대통령 국정 운영 어떻게, 잘 하고 계시나요? 발음상 your의 소리가 [열]

로 남이 좋다는 걸 재차 말씀드린답니다. run은 '운영', '경영'의 의미도 있어, run a business처럼 사업체를 운영한다고 말할 때 쓰기도 하죠. I am running a restaurant.(저는 식당을 운영하고 있습니다.)처럼요. 한국에서 만나는 미국인들은 자신의 대통령에 대해 우리 한국 사람들의 입장을 고려한 조심스러운 의견을 내놓는 것이 대부분입니다. '당신 대통령 악당이야!' 하는 생각이 들더라도, 그냥 상대방의 의견을 듣는 이성적인 중립자의 자세, 영어 논쟁에 빠지지 않는 노하우라 말씀 드렸죠? 제가 좀 비겁하긴 해요.

How often do you have election?

얼마나 자주 선거가 있나요? f, v가 들어가는 단어에서 아랫입술을 스치는 발음 조심하셨죠? 지자체, 국회의원, 대통령 선거로 가끔씩 기대치 않은 공휴일의 기쁨을 주기도 하는 우리 나라와는 달리, 간접 선거가 주를 이루는 미국에서는 우리보다 정치에 대한 관심도 더 낮은 것 같습니다. 지역 감정, 편견도 물론 있구요. 좌우간에, How often do you ---? 형식은 쓸 데 많은 질문이니 연습하고 응용해 봅시다.

How do you feel about the Korean government?

한국 정부에 대해 어떻게 생각하시나요? How do you feel about the ---? 이 파트에서 몇 가지 응용 가치 높은 질문들을 소개해 드리게 되어 기쁜 마음이 드네요. Korean people, the baseball game last night, the meeting yesterday, living in Korea … 상대방의 느낌을 굴어보거나 의중을 떠보는 용도로 기막힌 질문, 애용해 주시구요. 요사이 한국 정부가 그다지 미국에 아부하고 지내는 시대가 아닌지라 상대방의 대답이 흥미롭게 전개될 수도 있겠지만, 그래도 무슨 사안이건 긴장하고 퍼다 주는 옛 시절보다 나아졌다는 생각은 듭니다. 앗, 위험 수위가 넘는 정치에 대한 언급이…

How is your country's economic condition?

당신네 나라 경제 상황은 어떤가요? 우리가 앞서 많이 연습했던 (나만 열심히 했을 지도--;) How's your ---[하우스열]계의 질문이라 어렵지 않게 접근할 수 있겠죠? economy라는 명사는 co-에 강세가 있어 [이카나미]라 발음되지만, 형용사형은 [이커나밐]. no- 발음에 기를 모으세요. economic의 위치에 social[쏘셜](사회의), political[폴리리킬](정치의) 등을 넣어도 꽤 긴 대답이 나오겠군요. 간혹 economical이라고 형용사형을 오도하는 경우를 보는데, 이는 '절약적인'이라는 뜻이라며 이 연사 약간 수능 문법스런 설명도 드려봅니다. condition의 강세는 con-에 있구요. 근데 왜 저에겐 이런 단어는 숙취 해소용 음료수가 상기되는 형벌이 내려졌단 말입니까?

What affects the American economy the most?

무엇이 미국 경제에 가장 크게 영향을 미치나요? 먼저 what affects의 연음 부분이 듣기에 참 까다로운 게 이거 뭐 무슨 팩시밀리 기계라 들리기도 하구요. 일단 우리가 발음을 정확히 할 줄 알면 우리 귀도 잘 따라올 수 있다는 게 제 지론인 거 아시죠? 또 American 발음 다시 한번 지적합니다. 미국은 [아메리카]가 아닌, [어] 발음을 앞 단어와 연음시킨 후 [메어뤼컨]을 따로 발음하라 말씀 드렸습니다. I have an American friend.를 [아이해v버너 메어뤼칸f프렌]식으로요. 이 질문에 대한 상대 대답이 NASDAQ입네, credit card네, trade, FTA, NAFTA가 어쩌구 저쩌구 의견이 다양할 거예요. 들어나 봅시다. 뭐라 그러나.

Does your country have a problem with credit card debt?

당신네 나라 신용카드 부채 문제 심각하나요? --- have a problem with ---가 일상이나 비즈니스에서 많이 쓰이는 문구일 것으로 생각되오니, we나 they 를 넣고 문제점이 되는 내용을 목적어 란에 넣어 연습 많이 해보세요. 뭐 이 틀이 멀다 하고 소주를 벗삼는 저야, I have a problem with drinking.이라 말해야 되겠지만, 여기서 잠깐요. 웃으려고 하는 이야기였지만 smoking이 나, drinking, gambling 같은 소재는 여기서 문제의 내용으로 사용하기에 그리 바람직하지 않다는 말 드리고 싶어요. 좀 심각하게 받아들일 수 있어 상대가 슬슬 피하는 결과를 초래할 수도 있거든요. 주어 자리에 you를 넣어 대화하면 상대방에 실례가 되는 수도⋯ 그런데 왜 가르치냐구요? 중요한 문구라서⋯ 흑.

Roh Muhyun has been our president for the last three years.

노무현 씨가 지난 3년 동안 대통령으로 재임하고 있습니다. 대통령이나 회사 대표를 소개할 때 좋은 문구일 것 같습니다. 그간 우리 나라에서 노씨 성을 가진 대통령이 두 사람 있었는데요. 이 분들 호칭을 President Noh(노)라 하기가 퍽 눈치 보였던 기억이 나네요. '아니요' 대통령이라 들릴 것 같아서. 제 성도 Shim을 약간 길게 하면 Shame(수치)이라 들려 웬만하면 짧고 빠르게 부르고 철자도 따로 가르쳐 주는데요. 성이나 이름이 영어로 약간 분위기 어색하게 만드는 경우라면 좀 변형해서 발음하는 것도 하나의 센스! Dong, Sik, Kwak 등이 이름에 있다면 영어 식으로 Don으로 간다거나 Seek, Kooak 이렇게 기교가 들어간다면 더 좋을 것 같아요. 앗, 어딘가에 계실지 모를 곽동식 과장님 죄송합니다.

The government is having issues about economic problems.

정부는 경제 문제에 대해 현안을 많이 갖고 있죠. welfare[웰f페얼](복지), foreign relations[f포륀륄레이션스](외교), tax system[택씨스템](세제(부엌용 말구욧)), political system[폴리리컬씨스템](정치 구조) 등을 economic 위치에 넣거나 이어서 나열하면 좋은 대사 하나 낳겠는데요. 어느 정부건 고민해야 하는 이슈들이니만큼 언제 어디서나 사용하면 상대방이 고개 끄덕일 이런 문장, 이런 거 몇 개 갖고 있으면 옆 한국 동료도 감동할 만한 경우죠. turn이나 government처럼 자음 바로 앞에 r이 숨어 숨쉬고 있는 단어에서 약간 혀를 뒤로 엎어치기 기술을 부려준다면 원조 빠다 발음, 멋있게 들릴 수도 있어요.

The U.S. government has big power but it's sometimes misused.

미국 정부가 큰 힘을 갖고 있지만 가끔 잘못 사용되기도 하죠. 이 문장, 상대에 따라 조심스럽게 꺼내야 되는 문장이지만, 분위기 봐서 한방 맥이며 우리 입장도 이야기 할 수 있는 자리라면야. 그래도 친해진 친구들에게만 하십시오^^. government나 misused처럼 끝 소리가 안 나는 멋있는 발음들 기억하시구요. 왜 그러냐 상대방이 얼굴색 바뀌며 되물어본다면, I know all the countries care about benefits for their people.[아이노오울th더컨츄뤼스 케어러바웃베니f핏f포th 데어피쁘](모든 나라들이 각 국민의 이익을 챙기는 걸 알지만요.)라 되받아 답할 수도 있으니, 논쟁하기 좋아하시는 투사 여러분들, 하나 챙겨 두시굽쇼.

I think that the government doesn't relate well to the average citizen.

정부가 보통 시민 계층에 잘 맞는 정치를 하고 있지 않은 것 같아요. 정부 정책 중 우리의 가장 보편적인 불만 중 하나인 사안이 나왔네요. 발음 난이도가 장난이 아니지만 반복해 연습한다면 이 문장도 나의 것. th와 v가 너울렁대는 앞 부분과 r과 l이 비벼져 있는 문장 허리 부분, 그리고 발음이 만만찮은 g와 까다로운 [씨리슨]. 한국어 발음을 잘 읽어나가며 입에 갈도록 해 보십시오. 사실, 경제적으로 고소득층이나 저소득층을 위한 정책이 나올 때마다 한쪽에서는 볼멘 소리가 터져 나오는 게 당연지사겠지만, 좋은 머리로 해결책을 내놓겠다, 한 표 줍쇼 할 때는 언제고, 우리들에게 매번 실망을 주시나요? 속 시원한 정치, 다음엔 믿어 볼까요?

We've had difficult times, but hopefully things will be better.

우리 그간 어려움이 있었는데요, 나아지길 바랍니다. 일상 생활에서나 비즈니스 용도로 강추하고픈 문장입니다. 어려움을 겪고 있는 현 상황에서 희망을 갖고 있다는, 그 누구에게나 어느 조직에서건 해당되는 내용이네요. 평생 잘 나가는 인생이 있겠습니까만 억대 부자도 역경이 찾아와 고민스러운 법. 방송계에서 잘 나가던 제 동생, 이제 다시 정상에 서기를 기원하면서… 누구냐고요? 안 가르쳐 드릴래요. 현재 완료형을 만드는 have의 강세를 줄여달라는 말씀 누차 드렸듯, 아예 안 들리는 경우 많으니 [위해브해드] 하지 않도록 더 신경쓰시고요. will처럼 조동사가 문장에서 그리 큰 의미가 없다면 다른 주요 단어에 비해 튀지 않도록 줄여 발음해 주세요.

We had to borrow money from the IMF, which led people's sacrifices.

우리 IMF로부터 차용 좀 하느라고 국민들의 희생(고통)이 있었죠. Can I borrow --- from you?는 회사에서 개인적으로 많이 듣던 질문인데, 제게 돈 꾸겠다는 사람은 별로 없었어도, 담배, 라이터(이거 돌려받기 힘들죠), 볼펜… 뭐 자질구레한 거 제게 빌린 사람이 많은 걸로 기억되는 걸 보면 제가 인간성은 참 좋은 것 같아요. 헐헐. 쉼표 다음에 which가 들어간 관계사 문법이 보여 회화에 사용하기 힘든 문장으로 보이지만, 이런 경우 which라는 게 , and it의 줄임말이거든요. 문장 하나를 이야기 하다가 그 문장에 부연 설명을 더 하고 싶으면, , which를 쓰고 그 다음 설명하면 되는 거라 맘만 먹으면 어렵잖게 쓸 수 있죠. She kissed me, which was great.처럼요. 예를 들어도 꼭 이런 분야네요.

음식이나 고향 등의 소재들에 비해 정치·경제 분야의 대화는 더 가르쳐 드리고 싶은 문장이 많은데, 용어 자체도 입에 붙이기 힘들고 대화가 깊어질수록 참여가 더 힘들어지는 것이 사실입니다. 혹시 이 분야에 대한 대화 자리가 목전에 있다거나, 어느 대화 상대에게 논쟁의 투지가 불타오르는 분이 계시다면 홈페이지나 이메일로 도움 드릴 수 있을 거예요. 개인적으로 제 학원에 오셔도 좋구요. 시간 내어 꽁짜로다가- 가르쳐 드리겠습니다. 네네 진짭니다.

화기애애한 분위기를 군대에서 축구한 이야기나 우울한 정치·경제 이야기로 괜히 망칠 수 있는 자리들이 있는데, 이거 디국 사람들과 대화 시에도 조금 조심하시는 편이 나을 거는 같아요. 음, 군대 이야기는 그 사람들 잘 못 알아들을 테니 그렇고, 정치 얘기는 요즘 좀 양국간이 그렇잖아요? 그간 쌓아놓은 인간 관계, 비즈니스 업무, 화난다고 너무 니들 나빳! 그러지 마세요. 앞 상대가 무슨 잘못이야, 정부가 못된 거죠. 술 먹고 베트남 전쟁, 이라크 사태, 운운하며 고래고래 소리지르다 바이어 잃고 시말서 A4용지 가득 메운 어느 분 이야기가 떠오르네요. 친구 사귀기도, 눈앞에 먹고 살기도 중요합니닷!

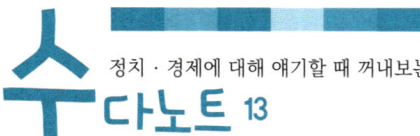

정치 · 경제에 대해 얘기할 때 꺼내보는

다노트 13

- **How is your president running your country?**
  당신 나라 대통령 국정 운영 잘 하고 계시나요?

- **How often do you have election?**
  얼마나 자주 선거가 있나요?

- **How do you feel about the Korean government?**
  한국 정부에 대해 어떻게 생각하시나요?

- **How is your country's economic condition?**
  당신 나라 경제 상황은 어떤가요?

- **What affects the American economy the most?**
  무엇이 미국 경제에 가장 크게 영향을 미치나요?

- **Does your country have a problem with credit card debt?**
  당신 나라에 신용카드 부채 문제가 있나요?

- --- has been our president for the last --- years.
  --- 씨가 지난 ---년 동안 대통령으로 재임하고 있습니다.

- The government is having issues about economic problems.
  정부는 경제 문제에 대해 현안들을 갖고 있죠.

- The U.S. government has big power but it's sometimes misused.
  미국 정부가 큰 힘을 갖고 있지만 가끔 잘못 사용되기도 하죠.

- I think that the government doesn't relate well to the average citizen.
  정부가 보통 시민 계층에 잘 맞는 정치를 하고 있지 않은 것 같아요.

- We've had difficult times, but hopefully things will be better.
  우리 그간 어려움이 있었는데, 나아지길 바랍니다.

- We had to borrow money from the IMF, which led people's sacrifices.
  우리 IMF로부터 차읍 좀 하느라고 국민들의 희생(고통)이 있었죠.

수다 소재 ⓮
가정·문화에 관해 묻고 답하기

아침에 뜨끈한 방바닥에서 일어나 이불을 개고, 신문을 아버지 보시기 전에 건드렸다간 반죽임을 당하고, 신발을 벗고 집에 들어오고, 젓가락질 잘하면 '옆집 아저씨가 뭐라' 안하고, 담배 피우다 선배 들어오면 감춰야 하는 세상과, 신발 신고 침대에 들어가 자고, 아무데서나 이성 친구들과의 노골적인 애정 표현이 벌어지고, 수업 시간에 앞 책상에 발 올려놔도 야단 안 맞고, 밥 먹다가 코 풀어도 인상 쓰는 사람 없는 세상에서 온 사람들이 친구가 됩니다. 두 가지 다른 문화에서 생활하고 교육받은 사람들이 서로 이해하며 교감 가질 수 있는 것이 비행기, TV, 컴퓨터라는 문명의 이기 덕택이라 말하기도 하죠. 그렇다고 언론매체에서 얻는 그들의 이미지가 미국 전체의 모습이라 단정하기도 어렵습니다. 총기 범죄 사고 빈번해 밤에 밖에 나가기 겁나는 나라, 여자들이 훌러덩 벗고 벌러덩 누워 썬탠하는 나라,

등이 우리가 흔히 짓궂게 미국을 묘사하는 예이긴 하지만, 어디에서나 처럼 본받을 만한 전통과 문화 그리고 좋은 친구가 될 만한 사람들이 많다는 걸 느낍니다. 나와 너, 공과 사가 분명해도 누구에게건 친절하고 많이 웃어 주며, 또 특히 남자들은 바깥 일보다 가족을 먼저 생각하고 살아가는 모습이 우리가 (저만 그런가요?) 눈여겨 봐야 할 점이 아닌가도 싶습니다.

위 단원 중에서 가족 사항에 대한 질문과 문장을 익혀 보았지만, 그들이 사랑한다고 유난 플러스 호들갑 떠는 자신들의 가족과 또 그 전통에 대한 이야기를 더 파고 든다면 아마 많이 반가워하며 수다를 떨어 주겠죠. 상대를 더 이해할 수 있고 더 가까운 친구가 될 수 있게 만들어 줄 소재이기에 용감히 대화 주제로 선택해 보았습니다. 상대방의 조상과 가족사, 그리고 미국 가정 문화를 알아볼 수 있는 기회, 여러분 신나지 않으십니까? 빨리 시작이나 하라구요? 네. 급하기도 하셔라.

쓸만한 질문

Where did your ancestors come from?

당신 조상은 어느 민족인가요? 단일 민족의 특성을 갖고 있는 우리 나라에 비해 다수 이민족들이 모여 멜팅팟(Melting Pot: 인종·문화 등 여러 다른 요소가 융합·동화되어 있는 장소)을 이뤄 사는 미국인들의 가족사는 짧은 역사에도 불구하고 각기 다양한 스토리가 재미있습니다. 단, 이 질문은 백인들에게만 물어 보는 것으로 합시다. 잊고 싶은 역사를 갖고 있는 인종의 사람들도 많으니까요. 골격이 큰 독일, 러시아 쪽의 배경을 가진 사람도 있고, 정열적인 남미나 스페인계도 많이 만나 봤으며, 아담하지만 왠지 똑똑할 것 같은 유태계들, 동양계들, 그리고 또 자기 조상이 어디 출신인지 확실치 않다는 표정 암울한 혈통들도 더러 있습니다. 물론 우리 나라에서처럼 양반, 평민 찾아가며 출신 서열 정하려 하진 않겠지만, 이들도 서로 타 민족에 대한 풍자와 뒷담화 즐기기를 좋아하는 것을 보면 자신 핏줄에 대한 자긍심과 이기심은 어디에서든 존재하나 봅니다. 이 문장 발음상 크게 어려움은 없어 보이나 ancestor의 an[앤] 발음, 입을 크게 찢는 거 주의하세용.

What does your family do on traditional holidays?

전통 명절에 가족들이 뭐 하고 노나요? What does your family do on ---? 가족 중심의 미국인들을 상대로 사용처 많은 질문입니다. weekends, Sundays, birthdays, vacations, the Christmas day 등을 넣어 연습해 보고 써먹어 보세요. 구구절절 나오는 그들의 수다! 미국 명절이야 성탄, 추수감사절이 다라 가족 행사가 그리 많아 보이진 않지만, 노노노! 토, 일 주구장창 놀지, 국가 공휴일 많지, 회사에서 타먹는 월차에, 결혼이다 생일이다 뻑하면 쉬어대는 그들의 노는 스케줄이 너무나도 부럽기만 합니다. 술이 안 깨 무서운 마눌하님들을 피해 사우나에서 늘어져 자다가 월요일을 맞이하는 우리 나라 남자들이 불쌍한 건가요, 못된 건가요? 가족들과 뭐하며 지내는지 들어봅시다. 고스톱 치거나 술 먹고 뻗는다는 아닐 거예요, 힛.

Do you do anything special for weddings?

결혼식을 위해 특별히 하는 일이 있나요? Do you do anything special for ---? 역시 사용처 200여 경우에 이르는 반드시 익힐 질문. ---에 your health, your diet, your English 등(200여 경우라며 왜 이거밖에 없냐?)을 넣어 연습해 보세요. 흔히 종교 행사와 음식, 무용, 음악, 그리고 사람들의 행동 방식들을 볼 수 있는 결혼식이야말로 그 가족들의 배경과 문화를 알 수 있는 장소라고 하대요. 우리도 이젠 많이 서양식으로 바뀌어 신랑 신부 부모들에게 큰절 올리는 것만 빼면 거의 식장 분위기 차이가 없어 보이지만, 참석자 누구든 용감히 앞에 나가 춤을 춘다던지, 그리고 공식적인 축의금 부담이 없어 한몫의 기회가 없다던지 하는 모습들이 달라 보이겠습니다. 미국 친구 결혼식에 갔다가 이 사람 저 사람 춤추자는 통에 정신 없어 죽는 줄 알았다는.

What traditional foods are eaten?

전통 음식으로는 무엇이 있나요? eaten이 [잍은]으로 소리나야 하는 것처럼, t 발음을 약하게 내는 것을 다시 강조합니다. mountain을 [마운은], percentage를 [펄쎈이쥐]로 해야 미국인들이 발음하는 소리와 가깝습니다. 민족마다 다르지만 미국인 가정 다수가 새해에 lobster를, 추수감사절엔 turkey를, 성탄절이나 부활절엔 ham을 먹는다고 하는데, 유학 시절 명절마다 미국 친구들 집에 끌려가 떡국, 송편에 각종 김치가 너무나 그리웠던 저처럼, 한국에서 오전에 숙취에 괴로워하던 미국 친구 바이어가 시원한 커피와 오믈렛, 팬케익 파는 가게를 물어봤던 기억이 나네요. 얼큰한 국물만이 살 길인 우리에겐 도저히 이해 안 가는 식성이어도 먹고 자란 환경, 무시 못할 일인가 봅니다.

Do you have big celebrations on birthdays?

생일 잔치들을 크게 하나요? 어려운 th 발음의 대표 주자 격인 birth[벌th쓰]를 잘 못해내면 '벌서'는 경우가 있습니다. 썰렁. celebration 중 –tion의 앞 음절인 a[에이]에 강세를 주시구요. 요즘 우리 아이들 생일 파티의 풍경은 패스트푸드점에서 닭다리를 뜯으며 와글와글 대고 있고 한 구석에서는 엄마들끼

185

리 모여 국가 발전(!)을 위한 심오한 토론을 하고 있는 모습들이 연상되는데요. 떡 하나 맞추고 미역국이라도 한솥 끓여서 친구들 불러 먹이고 뛰노는 정취, 다시 볼 수는 없을까요? 아이들 생일 파티 작더라도 세세히 마음 써주는 면에서는 우리가 미국 사람들에게 배울 점이 있어 보입니다. 초등학교 1학년 애 하나가 생일 선물로 50만 원짜리 핸드폰 선물로 받았다는 말에 입이 떡 벌어졌던 사실이 지금도 제 기억을 괴롭히네요. 애들 잘 키웁시다.

We get together with all the family members and have nice meals.

수다 보따리

우리는 가족 모두가 모여 맛난 음식을 먹지요. 문장 중간에 잠복해 있는 공포의 th 들이 보이시나요? 혀가 입 밖으로 드나들며 낼름거려도 상대방 조금도 기분 안 나쁠 테니 과감히 th 발음 혀 내밀기에 박차를 가해 주시구요. all이나 whole, happy, good 등의 단어는 그야말로, '죄다', '전부', '행복해', '좋아'의 뜻을 몸동작도 크게, 입도 크게, 표정도 크게 지어가며 액센트를 주어 소리를 내야 더욱 생동감 있는 영어가 된답니다. 우리의 설날이나 추석을 비롯한 명절과 가족 행사에서 볼 수 있는 가족 모임 장면이 떠오르시지요? 여성들은 부엌에서 비지땀을 흘리고 남성들은 얼굴이 술에 벌겋게 되어 고와 스톱을 외치는 장면은 잊어 주세요. 이거이거 설명했다간 괜히 상대방 호기심만 자극하여 질문의 바다로 빠져들 공산 100%!

We usually make and eat rice cakes called 'Ttuck' on special days.

우리는 특별한 날에 보통 '떡' 이라고 하는 쌀로 만든 커 익을 만들어 먹습니다. usually 의 [주] 발음은 입을 앞으로 내어 발음하지 않으면 상대방이 잘 못 알아 먹으니 힘껏 내밀어 주세요. called 역시 끝 발음을 [-드]라 내였을 경우 엄청난 촌스러움에 사로잡힐 일이 생긴다는 사실. call이 나 called는 같은 소리가 나야 합니다. 상대방은 미국인, 다 알아듣죠. 이거 과동형이야, 나 문법 잘해 식으로 [코올드] 했다가 도리어 대화를 미궁으로 인도하지 말아주소서. 태어남과 동시에 떡을 너무 사랑한 나머지 별명마저 떡코로 일컬어진 이 몸은, 뜨끈뜨끈한 떡국을 먹는 설날과 삼색 송편이 내 입 안에 들어오는 추석이 왜 1년에 단 하루씩밖에 없느냐 절규하는 바입니다. 떡집에 가서 그냥 사먹으라고요? 기분이 안 나잖아요. 콩국수를 겨울에 먹는 기분이라니까요. 참, 미국 친구들 떡볶이 사줬더니, 뜨겁고 맵다느니 너무 입 안에 달라붙는다 투덜대서 절교해 버릴까 잠시 생각한 추억도 있네요. 추억도 많아 참.

On the New Years Day and Chusuk, millions of people travel to visit their hometown.

설날이나 추석에 수백만 명이 고향을 찾아 이동합니다. 오오, 이것 또한 우리 나라에서만 (중국도 이렇다던가?) 볼 수 있는 명절 광경이네요. 광주시에서 철딱서니 없이 추석 다음날 차를 몰고 올라와 파김치가 되어 나머지 휴가를 잠으로 때웠던 몇 해 전. 우리 나라 명절의 고속도로 주차장화야 말로 외국 사람들의 주목을 끌 만한 광경이 되고도 남네요. millions of ---의 용도가 많습니다. 직접적인 의미는 '수백만의 ---'이지만, 그냥 좀 뻥치기 좋아하는 분들에게 이 문구를 적극 추천하는 바입니다. I know millions of girl friends.라 하셔서 스스로를 카사노바로 널리 공표하시거나 We have millions of workers.라 하셔서 국제적 사기꾼 기업으로 거듭나시는 것에 대해서는 책임 못 지지만, 뭐 영어가 무료할 때 many나 a lot of 대신에 애용해 보셔요.

Wedding ceremony for an hour and a honeymoon for a week.

결혼식 한 시간, 신혼여행 일주일. 문법적으로 완벽한 문장은 아니지만, 우리 나라 결혼식을 제일 간단히 설명한 문장을 열나게 열심히 만들어 본 결과물입니다. 물론 청첩장에 폐백에 축의금에 피로연, 우는 친정 엄마, 길고 긴 주례사… 얼마나 우리 결혼식의 특징이 많겠습니까마는, 이거 다 설명했다가는 책 한 권 족히 나오겠다는 우려에서 간단히 정리했습니다. 기간을 말할 때 for라는 전치사를 많이 쓰는데 for twenty minutes, for four hours, for three weeks, for a half month … 숫자가 들어가는 관용구를 말할 때 그간 연습이 안 되어 있다면 좀 시간이 걸리는 경우가 있으니, 지금이라도 당장 쉬운 숫자부터 써넣고 빨리 읽는 연습을 꾸준히 해보세요. 자신의 전화번호를 약 1분에 걸쳐 불러준 어느 회사 대리님도 계셨다고….

Fathers have the greatest influence in most Korean families.

대부분 한국 가정에선 아버지들이 큰 영향력을 가지고 있죠. father, mother, brother의 발음이 의외로 어렵습니다. 혀 낼름의 th 발음 다시금 곱씹으면서. 특히 mother의 경우 이 발음 신경 안 썼다가 사랑하는 어머니를 murder(살인)로 칭하는 오류가 발생 가능 농후하다고 말씀 드렸죠? greatest influence나 most Korean families에서의 r과 l의 차이는 이제 구분을 잘 하시리라 믿습니다. 고개 숙인 아버지의 권위가 날마다 땅으로 떨어져 간다는 오날날에 있어 이 한 문장으로나마 우리 나라 가장들께 더욱 힘내시라는 메시지를 전해 드립니다. 나이는 들어가고 얼라들은 커가고 앞은 잘 안 보이고… 에구 남 일 같진 않습니다만, 아빠 힘내세그~ 우리가 있잖아요~ 라는 응원 어린 노래까지 선사하는 아이들 생각해서 주먹 한번 또 불끈 쥐십시다.

처음엔 우리 나라 경절의 집안 분위기를 위주르 쓸 만한 질문과 대답할 대화들을 하나하나 나열해 보니 족히 수 페이지에 이르더군요. 흥미롭고 개성 있는 문화를 가진 덕택입니다. 다른 섹션과 형평성을 이루기 위해 한정된 개수의 문장만을 소개하게 된 것이 아쉬워, 후에라도 더 다양한 문장을 원하시는 독자 분들을 위해 이메일을 활짝 열어놓겠다는 그리 썩 안 믿기는 약속을 드리지요.

경제가 어려워지고 가족이 분화될수록 우리 가족 모임의 광경이 추억 속의 것과는 많이 동떨어져가는 게 보입니다. 윷도 던지고 술잔도 따르며, 할아버지 손자 죄다 어울려 하하호호 어릴 적 얘기도 지금 사는 얘기도 정겹게 나누고, 그렇게 오래오래 잘 지낼 수는 없는지요. 미국 친구들에게 우리 나라 명절에 대해 소거할 기회마다 대화 끝에 죄책감이나 우울함이 느껴지는 것이, 아마도 저는 저희 집안에서 좋은 아들, 좋은 형제가 못 되나 보다 하는 생각 때문인가 봅니다. 돌아가신 아버지가 항상 저더러 어머니께 잘해라 좋은 형, 동생이 되어라 하셨었는데, 세월이 웬수고 일이 웬수다라고 하면 변명인가요? 에혀…

가정·문화에 대해 얘기할 때 꺼내보는

다노트 14

- **Where did your ancestors come from?**
  당신 조상은 어느 민족인가요?

- **What does your family do on traditional holidays?**
  전통 명절에 가족들이 뭐 해요?

- **Do you do anything special for weddings?**
  결혼식을 위해 특별히 하는 일이 있나요?

- **What traditional foods are eaten?** 전통 음식으로는 무엇을 먹나요?

- **Do you have big celebrations on birthdays?**
  생일 잔치들을 크게 하나요?

- **We get together with all the family members and have nice meals.** 우리는 가족 모두가 모여 맛난 음식을 먹지요.

- **We usually make and eat rice cakes called 'Ttuck' on special days.**
  우리는 특별한 날에 보통 '떡' 이라고 하는 쌀로 만든 케잌을 만들어 먹습니다.

- **On the New Years Day and Chusuk, millions of people travel to visit their hometown.**
  설날이나 추석에 수백만 명이 고향을 찾아 이동합니다.

- **Wedding ceremony for an hour and a honeymoon for a week.** 결혼식 한 시간, 신혼여행 일주일.

- **Fathers have the greatest influence in most Korean families.** 대부분 한국 가정에선 아버지들이 큰 영향력을 가지고 있죠.

1분   2분   3분   4분   5분   6분

인생에 관해 묻고 답하기

어머니 뱃속에서 태어나 너무나도 눈이 부셔 응애응애 울던 때가 엊그제 같은데—요즘 제 뺑이 하늘을 찌를 것 같네요—벌써 불혹의 나이를 바라보는 시절이라니 세월이란 놈을 그냥 확 잡아다가 구속시키고 싶은 생각이 굴뚝 같은 것은 비단 저 혼자만 드는 것은 아닐 테지요. 돌아보면 성공과 행복에 기뻐하기도 환호하기도 했고 여러 말썽, 엇갈림 때문에 화도 나고 눈물 나기도 한 인생이지만, 더 어려운 분들도 계실 것이고 제가 작게나마 도움이 될 만한 분들도 분명 계실 테니 더 힘내고 더 땀내며 살아야겠다고 생각합니다. 갑자기 철이 드네요, 포항에 가 본 적도 없으면서.

미국 사람들과 술을 한잔씩 하다 그 사람들 인생 돌아보는 이야기가 펼쳐지면, 다른 문화, 다른 관습에서 온 사람들이라 사물이나 사건을 보는 관점이 다르구나 하는 생각이 확연히 드는 게 사실입니다. 자식이 맘에 안 차는 사람과 같이 산다고 속상해 하면서도 지 인생 지가 알아서 해야지 하던 어느 대기업체 이사와 이야기하며 우리 같으면 다리 몽댕이를 분질러서라도 데려오는 사안인데 싶기도 했고, 놀랍게도 시아버지 친구 또는 아들 친구와 결혼하는 사람을 가족으로 둔 사람들도 만나본 적이 있어 이 무슨 개판 5분 전 같은 스토리란 말인가 경악했던 일도 있었구요. 거꾸로는, 심난해진 교육 문제 때문에 식구들과 멀리 떨어져 돈이나 부쳐야 하는 우리 기러기아빠 문제에 대해 고개를 갸우뚱하던 한 학교 선생에게 우리 나라 가장의 책임감을 설명하다 날밤 새운 적도 있었습니다.

비행기 타고 10여 시간 걸려 가야 되는 나라 사람들이 우리와 같은 생각, 같은 모습으로 살 거라는 생각은 바보스럽겠습니다. 자식들을 비정하리만큼 떼어 보내고, 젊었든 늙었든 대부분 자유 연애주의자들에다가, 나중에는 나이 들어 외롭게 지내는 그들(하긴 요즘 우리의 모습도 비슷해지네요)이 동방예의지국에서 정으로 똘똘 뭉쳐 사는 민족임을 자처하는 한국인들에게 이해 가능한 말만 할 리가 만무합니다만… 그래도 여러분, 이 사람들과 좀더 인간적으로 친해지고 사업적으로 다가가기 위해 마음을 활짝 열고 그들을 이해하려는 노력이 조금만 있다면 좋을 것 같아요. 미국 사람들 살아온 인생관을 끌어내는 질문과 대화 문장을 다음과 같이 정리하는 바입니다.

What was your childhood like?

당신 유년 시절은 어땠나요? What was/is --- like? 구조의 문장은 날씨 편에서부터 반복되고 있는 만큼 쓰임새가 많다는 것 눈치 채셨죠? 네? 하도 연습해서 벌써 입에 달라붙어 있다고요? 와와와. 좀만 더 힘을 내세요. 고향, 학교, 부모님, 친구들 이야기, 두런두런 대화가 진행될 때 가만히 상대방 눈과 표정을 바라보세요. 어릴 적 추억과 향수를 마음 깊이 품고 사는 우리와 같은 사람들이라는 데 공감하시리라 믿습니다. childhood like에서 우리가 통상 하는 것처럼 [촤일드후드라이크]와 같이 너무 또박또박 구분 지어 발음하면 오히려 부작용이라는 거 잊지 마시구요. [촤일두들라잌]이 낫습니다.

What is different about your time and children's now?

당신 시절과 지금 아이들 시절의 다른 점이 무엇일까요? different about your 부분이 단어 사이마다 끊기지 않도록 연음에 신경 쓰며 발음하시길 바랍니다. [디f퍼런터바우철]. What is different about --- and ---? 이 문장도 일상 생활 회화에서나, 특히 업무 회의에서 많이 사용할 수 있으리라는 생각입니다. '---과 ---이 어떻게 다르죠?'라는 뜻이니, 양자를 비교할 때, 서로의 차이를 알고 싶을 때 이용해 보세요. What is different about American English and British?처럼요. 우리처럼 요즘 아이들 고생을 몰라, 버르장머리가 없어 예의가 없어요, 뭐 이런 말은 아닐지라도, 요즘 아이들 훨씬 자라나기가 편하다는 둥의 올챙이 적 생각 안 나는 대답 나온다는 데 1,000원 걸게요.

Has dating changed compared to your time?

당신 시절에 비해 데이트 문화가 변했나요? 남녀가 만나 사랑하고 헤어지는 게 인생에 가장 중요한 관심사 중 하나라, 미국 사람들 역시 이 분야에 해박한 지식 내지는 지대한 관심을 피력할 겁니다. 결혼한 지 3개월 만에 첫 아들 본 자신들의 전과는 잊은 채, 쯧쯔 요새 애들은 너무 쉽게 만나 쉽게 헤어지는 것 같아… 하는 사람들도 많죠. 근래 한국에서의 남녀 만남도 만만찮은 과감한 포스를 느끼게 하기에 부족함이 없긴 하네요. 신중한 남녀 관계, 싹트는 깊은 사랑!! compared to…는 '…와 비교하여'라는 뜻으로 많이 쓸 수 있는 고급 분사구문 용법이나 [컴패어드 투], 이처럼 몹시 시골스럽게 발음하는 일이 없도록 하십시다. Has --- changed? 이 문장도 쓸 만하네요. Has the trend changed?[해스th더츠뤤체인쥗](유행이 변했나요?) Has something changed?[해스썸th띵체인쥗](뭐가 바뀌었나요?) 한동안 못 봤던 사람이나 일 근황을 묻는 질문으로 딱이겠어요.

What do you miss most about your growing up?

어린 시절 중 가장 그리운 게 뭔가요? 발음상 그리 어렵다 느껴지는 부분은 없어 보이는 문장입니다만, 만일 '뭐가 제일 재미있었어?'의 의미로 응용한다면 사용처가 많아지게 됩니다. your growing up의 자리에 the summer vacation, your trip to Europe, the last Christmas 등을 넣어 질문할 수 있겠죠? 행복했을 것 같은 기억을 더듬게 하는 질문으로 아주 좋은데요. 여러분은 어떠세요? 어릴 적 좋은 추억으로 무엇이 있을까요? 저는 사시사철 하루 내내 책을 벗삼아 지내며 보는 시험 족족 100점만 맞고 살았던 기억이 추억이라면 추억이랄까…. 앗, 책을 덮겠다고요? 아 잘못, 잘못. 저 실은 책과 아주 거리가 먼 마을에서 못된 짓만 일삼던, 동네 아저씨들에 의해 지명 수배

당했던 아이였답니다. 농담도 못해.

What makes you most happy?

무엇이 당신의 가장 큰 낙인가요? What makes you ---? 의 용도는 너무나 크고 유용합니다. --- 의 위치에 온갖 형용사나 동사가 다 들어가도 좋은 문장이니까요. 너 왜 '웃니(smile)', '화났니(mad)', '슬프니(sad)' 등의 상대의 기분을 살피는 것부터, 너 어쩌다 '그리 예쁘니(so beautiful)', '똑똑하니(smart)' 등의 알랑방귀성 멘트를 비롯, 너 왜 '왔니(come here)', 왜 '그런 결정을 했니(make the decision)' 등 행동에 대한 이유를 물을 수 있는 질문입니다. Why did you come here?처럼 why를 함부로 써 상대 기분 나쁘게 하지 않는 대신 사용할 문장입니다. 이 짧은 한마디 질문으로 상대방에게서 취미나 가족, 일에 대한 구구절절한 대답이 나오게 하는 마술. 바로 이 책이 추구하는 대화법 아니겠습니까요?

Parents and schools were very strict.

부모님과 학교들이 퍽 엄했었죠. 한국 사회에 대한 미국인들의 호기심 끄는 소재 중 하나이기도 한 엄한 교육에 관한 내용입니다. 이제는 심한 체벌이 없어진 우리 사회이기도 하지만 일명 회초리와 꾸지람으로 상징되는 우리 윗세대 교육 방법이 원망스럽기도 하고 그러네요. 좀더 창의적이고 자유로운 분위기에서 키워줬으면 좀더 독립적이고 자발적으로다가 성장할 수도 있었을 텐데요.

물론 미국에서도 강성의 가장들이 더러 있습니다. 말 징글징글 안 듣는 아이들에게는 따끔한 벌이 최고 약일 수도 있겠지만서도, 말 알아듣도록 대화하고 타이르는 게 우선이겠죠. 뭐 많이 맞고 자라지도 않았으면서 이 부분 언성 높이는 게 우습네요. very strict의 r 발음을 위해 입술 모아 빠르게 혀 안으로 돌리기, 연습 잘 하고 계신 거죠?

Now kids are in many activities and play computer games often.

요새 애들은 하는 것도 많고 컴퓨터 게임에 빠져 살죠. computer의 발음 중 pu의 음절에 강세를 넣어주심이 마땅하옵고, activity의 ty와 computer의 ter와 같이 t 음 부분의 연음, 즉 [트]이 아닌 [르] 음이 난다는 사실도 알아 주세용. 방과 후 학원에 죽고 학원에 사는 요즘 아이들의 일정과, 엄마 아빠를 대신해 그들의 안식처가 되고 있는 컴퓨터, 인터넷에 대한 언급입니다. 현대 우리 나라 초·중·고등학교 아이들 전체의 절반 이상이 우울증 증세에 시달리는 현실에서 뭐 어쩔 방편도 생각해 낼 수 없는 어른들의 처지 또한 한심하기만 합니다. 건강한 경쟁은 시키되 좀 스트레스 없는 사회에서 자라게 할 수는 없을까요? 큰 웃음, 밝은 표정의 미국 아이들이 부럽습니다. 에혀….

Families set us up on dates but now it is different.

가족들의 소개로 만남이 이뤄졌지만 이제는 아니죠. f 발음이 신경 쓰이고 set up이라는 이어 동사 사이에 us가 들어가 빨리 읽히지 않는 문장이지만, 그러나 여러분, 저는 여러분을 믿어요. 소개팅, 선 따위의 표현을 영어로 My family (friend) set me up on a date.라 말할 수 있는 사람이 한국에서 몇 사람이나 되겠어요? 조금만 노력해서 입에 달아 봅시다. set up은 '속이다'라는 나쁜 뜻도 있지만, '준비하다', '계획하다'라는 뜻으로 비즈니스에서 자주 나오는 숙어이기도 하지요. '옛날에는 그랬지만 이제는 안 그래' 류의 말을 할 때, 끝 부분에, but it's different now라는 표현도 아주 유용하니 사용해 보시죠. 가슴 떨리는 소싯적 소개팅의 기억이 밀려오네요. 왜 그리도 여자 상대 앞에만 서면 발발 떨리고 침이 마르던지. 그런 순진함 하나 남지 않고 이젠 능구렁이가 되어가는 제 자신이 밉습니다.

Things were quieter when I was a kid.

제가 어렸을 땐 지금보단 덜 복잡했었죠. q가 들어가는 발음을 앞서 짚어드렸듯, quit을 [큇]이 아닌 [쿠잇]으로, queen을 [퀸]이 아닌 [쿠인]으로, 따라서 quiet을 [콰이엇]이 아닌 [쿠아이엇]으로 qu 발음을 좀더 길게 분리해서 소리 내어야 합니다. when I was --- 표현에서 ---에 나이를 나타내는 숫자를 넣는다거나, young, little, a student, in Samsung, in Japan 등을 넣어 응용하면, 내가 '왕년에', '소싯적에' 등의 옛 것에 대한 회고 시에 사용처가 많을 겁니다. 점점 더 복잡해져 가고 경쟁이 더 치열해지는 사회에서 아이들 본인들도 우리들 때보다는 고민도 더 색다르고 크다는 사실이 가슴 아픕니다. 오늘 퇴근 시에 또 아이들 하교 시간에, 우리 새끼들 꾸아아악 껴안아 주는 기회를 한번 만들어 보심이 어떨지요.

I enjoy watching my children grow up.

아이들 자라나는 거 보는 게 낙이죠. 근래 들어 미국인들이 happy, love와 함께 가장 많이 쓰는 것으로 본인에게 들리는 enjoy. 이 단어 다음에 동사를 받으려면 동명사형인 -ing를 쓰는데, I enjoy playing golf., I enjoy cooking for my family., I am enjoying working for this project. 등의 문장을 꺼내며 상대편 비즈니스 파트너와 취미, 가족, 사업에 대한 대화를 이끌어 보세요. 나이가 들면 들수록 술자리도, 친구들도, 심지어는 회사 일도 귀찮아지며 그저 아이들 커나가는 거 보며 사는 게 재미인 때가 저에게도 오겠죠. 모든 가장의 궁극 목표인 본인 가정이 몹시 평화로울 것과 자식들 잘 커서 어서 돈 벌어 오기(심한가요?)가 반드시 얼른 이뤄지기를 바라면서… 그저 애비처럼만 자라지 않기를 바란다는 마음이…죠? 하하.

아버지는 아버지대로, 어머니는 어머니대로 그리고 아이들은 아이들대로 걱정도 많고 스트레스도 많은 사회가 되었습니다. 습자지도 맞들면 낫다 싶은데 도대체 언제 어디서 가족들간의 대화는 이뤄질 수 있는지. 인기가수 자두의 '대화가 필요해'가 생각나네요. 우리 이제, 옛날 우리 공부할 때는 촛불 켜고 사전을 우걱우걱 씹어먹으며 눈 아래 치약 발라가며 공부했다~류의 소싯적 경험담으로 아이들에게 부담 주기보다는 우리 다음 세대들의 고민이 뭔지, 걱정이 뭔지 들어보는 귀를 활짝 열어 보기도 해야 되겠습니다.

또 한 해가 지나가네요. 세월은 유수와 같고 시간은 우리를 기다려 주지도 않습니다. 한 순간 한 순간 의미를 주려면 여러분 손에 잡혀 있는 이 책 한 권 정도는 가볍게 뛰어넘어, 아이들에게도 미국인들에게도 자신 있게 대하는 모습 보여주자고 말씀 드린다면… 이거 이거 장사꾼 홍보용 멘트네요, 말하고 보니.

인생에 대해 얘기할 때 꺼내보는

다노트 15

- **What was your childhood like?**
  당신 유년 시절은 어땠나요?

- **What is different about your time and children's now?**
  당신 시절과 지금 아이들 시절의 다른 점이 무엇일까요?

- **Has dating changed compared to your time?**
  당신 시절에 비해 데이트 문화가 변했나요?

- **What do you miss most about your growing up?**
  어린 시절 중 가장 그리운 게 뭔가요?

- **What makes you most happy?**
  무엇이 당신의 가장 큰 낙인가요?

- **Parents and schools were very strict.**
  부모님과 학교가 꽤 엄했어요.

- **Now kids are in many activities and play computer games often.**
  요새 애들은 하는 것도 많고 컴퓨터 게임에 빠져 살죠.

- **Families set us up on dates but now it is different.**
  가족들의 소개로 만남이 이뤄졌지만 이제는 아니죠.

- **Things were quieter when I was a kid.**
  제가 어렸을 땐 지금보단 덜 복잡했었죠.

- **I enjoy watching my children grow up.**
  아이들 자라나는 거 보는 게 낙이죠.

영어로 한시간 수다떨기

3. 실전 편

구슬이 서말이라도
묶이면 말짱 도루묵!
느긋느긋, 자연스럽게

Hi! 부터

Bye! 까지~

지금껏 너무나도 본문을 잘 읽어주시고 큰 소리로 따라해 주시며 때로는 여러분 상황에 맞는 문장을 따로 떼어 쓰고 암기하고 그러셨을 줄 압니다. 서 말의 구슬도 꿰어야 보배라는 말이 있죠. 머리 속에 저장하고 완전히 이해된 문장이라 해도 실전에 사용하지 않으면 말짱 도루묵이 되는 만큼, 이 섹션을 통해 그간 익힌 문장들이 외국 사람들을 만났을 때 어떻게 쓰여질 수 있는지 제가 직접 시범을 보여드립니다. 책 뒤에 달린 대화 녹음과 비교해 들으며 직접 체험해 보세요. 자신들의 이야기를 침을 튀어가며 말하기 좋아하는 외국인을 만나 시골 노인 시장 가듯 느긋하게 질문 하나하나 던져가며 대화를 이끄는 자랑스런 배달 민족의 '굳센 기개'와 '호연지기' - 오바다 오바!! - 를 느껴 보시면서. 이 파트에 소개된 내용이 여러분의 입에서도 술술 나올 수 있다면, 우리는 이제 우리 나라에서 몇 퍼센트 안에 드는, 한 시간 동안 영어로 대화할 수 있는 고품격 인력 중 한 명이 된다는 사실.

준비되셨나요? 갑니다.

친구 놈 하나가 저에게 부탁을 해왔습니다. 얼마 전에 알게 된 외국인 친구가 있는데 약속을 했으나 자기가 바쁜 일이 있다고 저보고 잠시만 좀 만나달라네요. 심부름을 시켰으면 돈을 내야지, 제 주변 사람들은 왜 이렇게 비즈니스 마인드가 없는 걸까요? 그리고 제가 시간이 많다는 걸 어떻게 알았을까요? 암튼 그동안 별로 쓸 일 없었던 제 18번 영어를 시험하러 다시 한번 만나러 가졌습니다.

Bob Hi, Nice to meet you.

Tom 저도 만나서 반가워요. 오늘 뭐 별일 없으시구요? ①

Bob Good. Thanks. How are you?

Tom 좋습니다. 이름이 어떻게 되시죠? ②

Bob My real name is Robert but you can call me Bob. What's your name?

Tom 전 심진섭이라고 합니다. 영어 이름도 있어요. 탐이죠. 원하신다면 탐이라고 부르세요. 직업이 어떻게 되시나요? ③

Bob I teach English to Korean children and adults. I'm a retired teacher and my wife and I enjoy traveling so we thought it would be a good opportunity to work and travel at the same time. Our son teaches English in Busan and when we visited him two years ago we thought this could be a good experience for us as well. What do you do, Tom?

Tom 전 영어 학원을 운영하고 있어요. English school을 이용 초등학생부터 어르신들까지 수백 명의 학생이 있지요. elementary school children, old ages 이용 학원을 한 지는 5년 됐습니다. 일이 바쁘긴 하지만 전 제 일이 좋아요. 학원은 어디 있나요? ④

Bob　The academy is on the island of Jeju in the major city called Jeju. It's a beautiful island with many panoramic scenes. Also the people are very friendly and everyday is a joy.

Tom　거기서 일한 지는 얼마나 됐습니까? ⑤

Bob　For only two months, but it seems longer because we are really becoming acclimatized to our surroundings and feel like we belong there.

Tom　시간 있으세요? 커피나 한잔 할까요? ⑥ how about 이용

Bob　Sounds great. Oh, we have a coffee shop right (over) there.

Answer
① Nice to meet you too. How are you doing?　② Good. What's your name?　③ My name is Shim, Jinsub. I have an English name too. It's Tom. Please call me Tom if you want. What do you do for a living?　④ I am running an English school. I have hundreds of students from elementary school children to old ages. I have been doing the business for last five years. Works keep me busy but I like what I do. Where is your school located?　⑤ How long have you worked there?　⑥ Do you have time? How about a cup of coffee?

Translation
안녕하세요? 만나서 반가워요. / 좋아요. 감사합니다. 당신은요? / 제 이름은 로버트예요. 하지만 밥이라고 부르셔도 됩니다. 성함이 어떻게 되세요? / 전 한국 어린이들과 성인 대상으로 영어를 가르치고 있어요. 교사였는데 은퇴했어요. 아내와 전 여행하는 걸 좋아해서 일과 여행을 동시에 즐길 수 있는 좋은 기회라고 생각했어요. 제 아들은 부산에서 영어를 가르쳐요. 2년 전에 그 애를 찾아갔을 때 저희에게도 이게 좋은 경험이라고 생각했죠. 탐은 직업이 어떻게 되시죠? / 학원은 제주도 제주시에 있습니다. 멋진 경치가 많은 아름다운 섬이죠. 사람들도 정말 친절하고 매일매일이 즐거워요. / 두 달밖에 안 됐지만 더 된 것처럼 느껴져요. 왜냐하면 주변 환경에 완전히 동화되다 보니 익숙해져서 원래 거기 출신인 것처럼 느껴지거든요. / 그거 좋죠. 아, 저기 커피숍이 있네요.

커피숍에 들어서며 주위를 둘러보니 심각한 표정, 즐거운 표정의 많은 사람들이 앉아 있네요. 큰 소리로 또박또박 말해서 주위의 시선을 끌어야지… 심호흡 한번 크게 하고, 느낌 갖고 필 충만할 때 그 때 시작하란 말이지! 시작합네닷!

Bob Ahh.. good place. It smells good too. By the way, you speak English well. Where did you learn it?

Tom 아, 감사합니다. 대학 다닐 때 열심히 공부했죠. in college 이용 하지만 제 영어는 완벽하지 않아요. 외국어 배우기… 전혀 쉽지 않죠. 외국어 할 줄 아세요? ①

Bob A little French and a little Korean – I learned French in school as an option subject. I find learning different languages gives you an insight into their people and besides it's nice to be able to communicate with a person in their own language. I know everyone is trying to learn English these days because it's the language of business but there is so much history in other languages.

Tom 결혼은 하셨나요? ②

Bob I'm afraid so.

Tom 결혼한 지는 얼마나 되셨어요? ③

Bob Too long – just kidding – 34 years! It seems like a long time but really it's been fun – we have many interests and do things that we like together but go our own way when we want to do our own thing. We enjoy hiking and sightseeing together, also she doesn't mind if I play sports or workout myself. It's good to have a relationship like that.

Tom 자녀는 몇 명인가요? ④ have를 이용

Bob I've got two kids—a daughter 27 and a son 26. My daughter just got married this summer and we had fun seeing our family so happy. We like her new husband very much and he gets along with everyone. You know boys will be boys—that's an English idiom that means guys like to have fun with other guys. My son has been teaching English in Busan for four years—he really likes it in Korea—we enjoy being closer to him even though he still doesn't call us as often as he should.

Tom 자식 분들이 그리우시겠어요. ⑤

Bob Are you married, Tom?

Tom 네. 아들 하나와 딸 하나가 있습니다. 11살과 7살이죠. 행복한 가정이 있어서 전 참 복 받은 사람이에요. ⑥

Bob You sure are—having a family is very special. You should always treasure your family because they are not like your friends—they are blood.

Answer
① Oh, thank you. I studied hard when I was in college. But I don't think I have perfect English. Learning a foreign language... It's not easy at all. Do you speak (any) other languages? ② Are you married? ③ How long have you been married? ④ How many children do you have? ⑤ You must be missing your children. ⑥ Yes, I am. I have a son and a daughter. They are 11 and 7. I have a happy family and I am the lucky one.

Translation
아, 좋은 곳이네요. 냄새도 좋구요. 그런데 영어를 참 잘하시네요. 어디서 배우셨나요? / 불어와 한국어를 조금 합니다. 불어는 학교 다닐 때 선택 과목이었어요. 외국어를 배우면 그 언어를 사용하는 사람들을 이해할 수 있고 또 그들의 언어로 의사소통을 할 수 있다는 게 참 좋더라구요. 영어는 비즈니스 언어라서 요즘 모두들 영어를 배우려고 애쓴다는 건 알지만 다른 언어에도 참 많은 역사가 있지요. / 유감스럽게도 그렇네요. / 너무 오래됐죠. 농담이고, 34년 됐습니다! 긴 시간 같지만 재밌었어요. 우리는 많은 취미를 가지고 있고 우리가 함께 좋아하는 것을 합니다만 각자 일을 할 때는 따로 있죠. 우리는 등산과 관광을 함께 하기를 좋아하고 내가 혼자 운동을 하는 것은 아내는 신경 쓰지 않지요. 그런 관계를 유지하는 것이 좋습니다. / 두 명인데, 딸은 27살, 아들은 26살이에요. 제 딸은 이번 여름에 결혼했는데, 우리는 가족들이 행복해 하는 모습을 봐서 즐거웠습니다. 우리는 우리 사위를 매우 좋아하고 그 또한 모두랑 잘 어울리고 있죠. 남잔 역시 남자잖아요. 영어 속담으로, 남자들은 남자끼리 어울리는 걸 좋아한다는 뜻이에요. 제 아들은 부산에서 4년간 영어를 가르쳤어요. 그 애는 한국에서 가르치는 걸 무척 좋아하죠. 아직도 그 애는 우리한테 너무 전화를 안 하지만 그래도 우린 그 애와 더 가까이 있게 돼서 좋아요. / 탐은 결혼하셨나요? / 그럼요, 가족이 있다는 건 무척 특별하죠. 항상 가족을 소중히 여겨야 해요. 왜냐하면 가족은 친구랑은 다른 혈육이니까요.

그러고 보니 이 사람, 어느 나라 사람인가요? 영어를 들어봐선 미국 사람 같은데. 생김새를 보며 어느 나라 사람이구나 판단할 수 있는 방법이라도 하나 만들어 유엔안보리 법안통과를 요구한닷! 쩝… 어디 한번 물어보겠습니다~

Tom 미국인이신가요? 어디 출신이시죠? ①

Bob I'm from Pittsburgh. It's in the north eastern part of the States.

Tom 어떤 도시인가요? ②

Bob I love living there—there are a variety of cultural things to do and of course sporting events abound. It's a fairly safe city to live in but you must be careful not to go to some areas at night—it can be a little dangerous.

Tom 볼만한 건 뭐가 있죠? ③

Bob There are many opportunities for jobs and the wonderful hills that surround it are great for hiking—besides my girlfriend lives there—just kidding! I guess most people like to live near where they were brought up—it gives them a sense of home and they can feel safe. Many cities are similar but the one where you were raised is always special. How about you, Tom? Where are you from?

Tom 전 부산이라는 큰 도시에서 태어났습니다. 한국의 남쪽에 위치한 도시죠. 그리고 그곳은 아름다운 바다 경치로 유명해요. sceneries를 이용 전 거기서 10살까지 살았죠. 항상 제 고향과 옛 친구들이 그리워요. 당신 고향 날씨는 어떤가요? ④

Bob Most of the time it's pleasant except the snow in the winter can be hard to take. Most people just stay indoors and watch movies and sports during the bad weather. Snow is great if you like to ski but it's too cold for doing most outdoor things(activities). I like to stay inside where it is warm.

Answer
① Are you an American? Where are you from? ② What is the city like? ③ What's the attraction there? ④ I was born in a big city called Busan (where your son teaches). It is located in the southern part in Korea. And it is famous for beautiful ocean sceneries. I grew up there until I was 10. I always miss my hometown and old friends. What's the weather like in your hometown?

Translation
전 피츠버그 출신이에요. 미국 북동부에 있죠. / 거기 사는 거 진짜 좋아요. 다양한 문화 활동에 스포츠 행사도 무궁무진하죠. 피츠버그는 거주지로 꽤 안전한 도시지만 어떤 지역은 밤에 가는 건 조심해야 해요. 좀 위험할 수도 있거든요. / 거긴 일자리도 많고 주변에 등산하기 좋은 멋진 언덕들도 많지요. 게다가 내 여자 친구도 거기 살아요. 농담이에요! 사람들은 대체로 자신이 자란 곳 가까이에서 살기를 좋아하는 것 같아요. 고향이란 느낌도 들고 안전하다고 느낄 수 있어서 그런가 봐요. 많은 도시가 비슷비슷하지만 자기가 자란 곳은 항상 특별하니까요. 탐은 어때요? 어디 출신이세요? / 겨울에 눈이 감당하기 힘들 정도로 내릴 때를 제외하고는 대부분 날씨가 좋아요. 날씨가 안 좋을 때는 대부분 밖에 안 나가고 영화나 스포츠 경기를 봅니다. 스키를 좋아한다면 눈이 오는 게 좋겠지만 야외 활동을 하기엔 날씨가 너무 추워요. 전 따뜻한 실내에 있는 걸 좋아합니다.

상대방의 침 튀는 설명을 듣는 동안 그 다음 필살기 소재인 '날씨'에 대한 대화를 시작하겠습니다. 창밖을 바라보다 커피를 들이키며 폼을 잡다가 뜬금없이 날씨 얘기를 꺼냅니다.

Tom 가장 좋아하는 계절이 뭐예요? ①

Bob Fall I think, there are so many fantastic places to view the changing colors of the trees and the temperature is just perfect. When it's too hot or too cold it limits you to the number of activities you can do – the fall is just right for hiking or any type of outdoor activity. How about you? What is your favorite season?

Tom 전 여름이 제일 좋아요. 나체가 될 수 있어서요. naked를 이용 하하하. 전 여름에 야외 활동을 정말 좋아해요. ②

Bob You naked – that could be a bit scary!

Tom 한국은 처음이세요? ③

Bob No, I've been here once before. Two years ago my wife and I came to visit our son who was teaching in Busan at the time. We were on our way to Australia and New Zealand on a vacation so we took the opportunity to see him on the way. It was great that he showed us around his city and we got to meet some of his friends.

Tom 한국에서는 어디어디 가보셨어요? ④

Bob I've been to Busan and Jeju. I was in the Seoul Airport but I don't think that counts as visiting the city. Do you have any recommendations about a good place to visit?

Tom 쇼핑을 좋아하신다면 동대문시장을 추천할게요. 서울 중심부에 있어요. 저렴한 가격으로 유명하죠. 강남에서 전철로 한 시간 정도 걸려요. ⑤

Bob That sounds like a great place to see. My wife loves to shop but I'm not a big fan of shopping. It seems I have too many things already–it's nice to pick up small things that can remind you of the places you've been, other than that I don't think shopping is really necessary.

Answer
① What is your favorite season? ② I like summer the best because I like to be naked. Ha ha ha. I really enjoy the outdoors then. ③ Is this your first time to Korea? ④ Where have you been in Korea? ⑤ If you like shopping, I recommend the East Gate market. It is located in the central part of Seoul. It is famous for cheap prices. It takes one hour from Kangnam by subway.

Translation
가을인 것 같아요. 단풍 물드는 걸 구경할 수 있는 멋진 장소들도 많고 기온도 완벽하죠. 너무 덥거나 너무 추우면 즐길 수 있는 활동이 제한적이잖아요. 가을은 하이킹하기에도 딱이고 야외 활동은 어떤 거든 다 좋지요. 탐은 어때요? 어떤 계절을 가장 좋아하죠? / 탐이 벗는다… 그거 좀 무섭겠는데요! / 아니요, 전에 한 번 와본 적 있어요. 2년 전에 아들이 부산에서 가르치고 있을 때 아들을 만나러 아내와 왔었어요. 저희는 호주와 뉴질랜드로 휴가를 가는 길이었어요. 그래서 가는 길에 아들을 볼 수 있었죠. 매우 좋았어요. 그 애가 도시를 구경시켜줬고 그 애 친구들도 만나봤죠. / 부산이랑 제주도에 가봤어요. 서울 공항에도 갔었지만 그걸로 서울을 방문했다고 할 수는 없는 것 같아요. 구경하기 좋은 장소 추천해 주실 만한 데 있나요? / 구경하기 좋은 곳 같네요. 전 쇼핑을 그리 좋아하지 않지만 제 아내는 무척 좋아해요. 전 이미 너무 많은 것을 가지고 있는 것 같아요. 방문했던 곳을 떠올리게 해주는 작은 물건을 사는 건 좋지만, 그렇지 않으면 쇼핑 꼭 필요한 것 같지 않아요.

커피를 홀짝홀짝 마시는 밥을 보며 커피에 대해서 묻습니다. 또 다른 게 18번 토픽인 음식 이야기 꺼내는 데 아주 제격이거든요. 호시탐탐 기다리다 상대를 끌고 다니는 이 잔머리형 기술. 몰라, 그렇게 태어난 걸 어쩌라고…

Tom 커피는 어떻게 드세요? ① How do you를 이용

Bob I like two cream and two sugar. It's quite sweet tasting.

Tom 한국 커피는 맛이 다른가요? ② taste different를 이용

Bob It does a bit, but when I put the cream and sugar in it, it all tastes about the same.

Tom 한국 음식은 괜찮으세요? ③

Bob I don't care for fish and vegetables but I do like rice. It's difficult for me to go out to eat in Korea because of all the different foods. Beef is expensive and I like beef. Many of the spices taste strange so I have to be careful.

Tom 무슨 음식을 제일 좋아하세요, 밥? ④

Bob I guess steak is my favorite. What's your favorite, Tom?

Tom 전 한국 음식은 대부분 좋아해요. 어떤 한국 음식들은 뜨겁고 맵죠. 비빔밥이나 순두부 같은 요리는 영양가가 매우 높아요. 비빔밥? 하하. 당신 이름과 비슷하게 들리네요. sounds like를 이용 당신 형제인가요? 하하하… 미안합니다. 김치, 불고기, 갈비는 국제적으로 유명하죠. 그런데 젓가락은 잘 사용하시나요? ⑤

Bob I've heard the Bob joke many times thanks. I'm getting much better with the chopsticks. I still like to use a fork. I guess that's the way I was brought up. My fine motor must be poor because I can't seem to manipulate them very well. I'll keep trying.

Tom 오, 한국인이 다 되셨네요. ⑥ becoming을 이용

Answer
① How do you like your coffee?   ② Does Korean coffee taste different?   ③ Are you okay with Korean foods?   ④ What's your favorite food, Bob?   ⑤ I like most Korean foods. Some Korean foods are hot and spicy. Dishes like Bibimbob or soft Tofu are very nutritious. Bibimbob? Ha ha. It sounds like your name. Is it your brother? Ha ha ha... Sorry. Kimchi, Bulgogi and Galbi are internationally famous. By the way, are you a good chopstick user?   ⑥ Oh, you are becoming a Korean.

Translation
전 크림 둘, 설탕 둘을 넣어 마셔요. 달게 마시죠. / 약간 다르지만 크림과 설탕을 넣으면 다 똑같아요. / 생선과 야채는 좋아하지 않지만 밥은 좋아해요. 한국에서 외식을 하는 건 좀 힘들어요. 음식이 너무 다르니까요. 소고기가 비싼데 전 가 소고기를 좋아하거든요. 많은 향신료들이 맛이 특이해서 조심해야 해요. / 스테이크를 제일 좋아하는 것 같아요. 탐은 어떤 음식을 제일 좋아하세요? / 밥에 관한 농담은 많이 들었어요. 고마워요. 젓가락질은 많이 좋아졌어요. 하지만 여전히 포크를 사용하는 게 편하죠. 그렇게 자라서 그런가 봐요. 잘 못 다루는 걸 보면 전 미세 운동신경이 둔한가 봐요. 계속 노력해야죠.

어! 나의 마지막 조크가 안 먹혀 들어간 건가… 잠시 설렁한 분위기가 감도네요. 이때 커피숍에서 울려 퍼지는 우리 가요 소리가 귀에 들립니다. 제7· 또 이 기회를 그냥 넘어갈 수는 없는 거 아니겠습니까? 밥이 우리나라 음악이나 영화를 즐겨 듣거나 보는지는 모르겠지만… 어디 한번, 빠져… 볼까요?

Tom 한국 음악이나 영화 좋아하세요? ①

Bob I enjoy some of the music and some Korean girls in the movies are quite cute. It's hard to follow the story sometimes when you don't speak Korean.

Tom 어떤 영화를 좋아하세요? ②

Bob I enjoy a variety of movies as long as the acting and production is well done. Some of the old movies are good because they remind you of the time in your life – the new ones have better production quality but the acting is not as good – I guess you say there is good and bad in both.

Tom 어떤 배우를 좋아하세요? ③

Bob I like the old ones like Sean Connery and Clint Eastwood. I can't relate to the new actors – I just don't see enough of them I guess. What about you, Tom? Are you a fan of movies?

Tom 네, 좋아해요. 전 액션 영화를 좋아하죠. 영화를 보면 스트레스가 풀려서 영화 보는 시간을 내려고 합니다. 스트레스 때문에 죽겠어요, 안 그래요? ④ killer를 이용

Bob For sure, you have to find some way to relieve it. Some people smoke, some drink – I don't mind those two things but those things could kill you – watching action movies is much safer for you.

Answer
① You like Korean music or movies? ② What are your favorite types of movie? ③ Who are your favorite actors? ④ Yes, I am. I like actions. I try to make time because it relieves my stress. Stress is a killer, right?

Translation
어떤 음악들은 잘 듣고 있어요. 그리고 영화에 나오는 어떤 한국 여자들은 정말 예뻐요. 한국어를 할 줄 모르면 줄거리를 따라가기가 힘들죠. / 연기와 제작이 잘 됐다면 어떤 영화도 좋아요. 어떤 옛날 영화들은 예전 그때를 떠올려 줘서 좋아요. 요즘 영화들은 제작의 질은 높아졌지만 연기는 예전만 못해요. 양쪽 다 장단점이 있다고 할 수 있을 것 같아요. / 손 코너리나 클린트 이스트우드 같은 옛날 배우들을 좋아해요. 요즘 배우들은 적응이 안 돼요. 많이 안 봐서 그런 것 같기도 하네요. 탐은 어때요? 영화 좋아하세요? / 맞아요, 스트레스를 풀 방법을 찾아야 해요. 어떤 사람들은 담배를 피우고, 어떤 사람들은 술을 마시죠. (남들이 하던 안 하던) 전 그것들 상관 안 하지만 그런 것들로 수명이 단축될 수 있어요. 액션 영화를 보는 게 훨씬 안전하죠.

아… 애용하던 소재들이 하나씩 떨어지기 시작하고 였습니다. 뭐 또 없을까 주위를 둘러보다보니… 오~~ 밥 몸이 좋아 보이네요. 요즘 소위 말하는 몸짱입니다!

Tom 밥은 건강해 보이시네요. 규칙적으로 운동을 하시나요? ①

Bob I try to do some form of exercise four times a week. I enjoy running but I find it hard on my knees—there are some great hiking trails on Jeju—very steep—I've started doing that. When the weather is bad there is a gym in my apartment building and they have bikes. When it rains I just do a few miles on the bike then lift a few weights.

Tom 예전엔 저도 역기 좀 들었는데 요즘엔 안 합니다. 전 식이요법을 하면서 몸무게 신경 쓰고 있어요. 그리고 잘 먹고 안 좋은 음식은 먹지 않으려고 노력합니다. ②

Bob I am trying not to eat meat and avoiding other fatty foods. It's pretty bad as well.

Tom 채식주의자세요? 종교적인 이유가 있나요? ③

Bob I'm not a real vegetarian—meat just has too much fat—it has nothing to do with my religious beliefs. I'm not sure why religion and food are so tied together.

Answer
① You look great, Bob. Do you exercise regularly?   ② I used to lift but not now. I am on a diet and watching my weight. And I try to eat well and stay away from junk food.   ③ Are you a vegetarian? Is it for a religious reason?

Translation
일주일에 네 번 정도 운동을 하려고 노력해요. 나는 달리는 걸 좋아하는데 무릎에 무리가 가더라구요. 제주에는 좋은 등산로가 꽤 있어요. 가파르기도 하구요. 등산을 막 시작했답니다. 날씨가 안 좋을 때는 아파트에 있는 헬스장에 가서 자전거를 타죠. 비가 오면 자전거로 몇 마일을 달리고 역기도 들고 해요. / 전 고기를 안 먹으려고 노력하고 있고 기름진 음식도 피하고 있어요. 그것도 다 주 나쁘잖아요. / 채식주의자는 아니에요. 그냥 고기가 지방이 많아서요. 종교적인 신념 같은 거랑은 상관이 없어요. 종교와 음식이 왜 관계가 있는지 잘 모르겠네요.

종교 얘기가 나와서 말인데… 종교 얘기로 구렁이 담 넘듯 넘어가보죠.

Tom 종교 생활을 하시나요? ①

Bob I don't belong to any formal religious group. I think there are too many people controlling religion and they are losing the spirit part of religion. Many people have turned religion into a business but that's not what it's all about. Do you have a religion?

Tom 전 불교예요. 미국인들은 대부분 교회에 가나요? ②

Bob I don't know the exact percentage but quite a few attend some kind of church. How many Christians do you think Korea has?

Tom 삼분의 일은 기독교, 삼분의 일은 불교, 나머지는 무교예요. 외국 종교에 대해선 어떻게 생각하세요? ③

Bob (I guess) as long as you are a good person I guess it doesn't matter what God you worship. Some foreign religions have interesting ideas and information, so by studying a country's religion you can learn about its history.

Tom 네. 어떤 종교든 존중 받아야 한다고 생각해요. ④

Answer
① Do you practice a religion? ② I am a Buddhist. Do most Americans go to church? ③ One third is Christians, another one third is Buddhists, and the other no religion. What do you think of foreign religion? ④ Yes. I think any religion should be respected.

Translation
전 특별히 종교 단체에 속해 있지는 않아요. 종교를 가지고 놀려는 사람들이 많아 종교의 정신세계를 잃어가고 있는 것 같아요. 많은 사람들이 종교를 비즈니스로 이끌려 하지만 그게 다가 아니죠. 종교가 있으세요? / 정확한 수치는 모르겠지만 꽤 많은 사람들이 교회 같은 데 나가죠. 한국엔 기독교인이 얼마나 되죠? / 좋은 사람이라면 어떤 종교를 가지든 상관없다고 생각해요. 어떤 외국 종교들은 흥미로운 사상과 정보를 가지고 있어요. 따라서 외국 종교를 공부하면 그 나라의 역사를 배울 수 있지요.

좀 위험한 주제이긴 한데… 민감한 정치 이야기 카드를 꺼내들 순간이 온 것 같습니다. 좀 불만 많았던 미국 정부 이야기나 한번 해 볼까요? 욱하는 다음에 지난번처럼 언성이 높아지면 안 되겠지만. 할 말은 하고 가는 이 정신! 그래서 제 인생이 이 모양이긴 하지만…

Tom 미국 정부는 막강한 힘을 가지고 있지만 때때로 잘못 사용되고 있죠. 중동 지역 우려 상황에 대한 기사를 읽었습니다. ①

Bob It seems business and money are at the route of most problems. The government say they are doing things for moral reasons but people are realizing that big business is at the route of most of the political problems. We wouldn't care about the Middle East if they didn't have any oil.

Tom 북한도 골칫거리죠. 어떻게 생각하세요? ②

Bob They are a bit scary. I don't think any country should have nuclear weapons – nobody should be able to destroy the world. I do feel sorry for the inhabitants of North Korea – their standard of living is so low and many children go hungry.

Tom 한국 정부에 대해서는 어떻게 생각하세요? ③

Bob They seem to be doing a good job – the people appear happy and the economy is booming. I realize things have been different since the Korean War but the country seems to be moving forward.

Tom 미국 대통령은 정치를 어떻게 하나요? ④

Bob　It's difficult to run such a powerful country – many poor and too many rich – it's hard to get the right balance. Many people don't agree with the foreign policy. Most Americans are sick of war and don't agree with the reasons for young men to die – they seem to be dying for the wrong reasons.

Tom　정부는 항상 (정치·)경제 문제에 대한 현안들을 가지고 있죠. 우리는 힘든 시기를 거쳤지만 더 좋아질 거라고 믿어요. 미안해요, 무거운 주제를 꺼낼 생각은 없었는데. ⑤
mean, heavy topic을 이용

Bob　Oh, yes (that's okay). I know that. This kind of conversation can be had everywhere and I like that. Don't worry.

Answer
① The U.S. government has big power but sometimes it's misused. I read about some concerns in the Middle East.　② North Korea has been a headache too. What do you think about it?　③ How do you feel about the Korean government?　④ How is your president running your country?　⑤ The government is always having issues about (political,) economic problems. We've had difficult times but hopefully things will be better. Sorry, I didn't mean to bring this heavy topic.

Translation
모든 문제에는 비즈니스와 돈이 연결되는 것 같아요. 정부는 그들이 윤리적인 이유에서 그렇다고 말은 하지만 사람들은 돈 문제가 정치 문제의 바탕이라 알고 있죠. 중동에 기름이 없다면 사람들이 신경 쓰지 않겠죠. / 그들은 좀 무서워요. 전 어떤 나라도 핵무기를 가지고 있어서는 안 된다고 생각하거든요. 그 누구도 세계를 파괴할 수 있어서는 안 돼요. 북한 주민들에 대해서는 유감이에요. 그들의 생계 수준은 너무 낮아서 많은 아이들이 굶주리고 있잖아요. / 잘하고 있는 것 같아요. 사람들도 행복해 보이고 경제도 좋아지고 있으니까요. 한국 전쟁 이후로 많이 달라졌지만 계속 발전하고 있는 것 같아요. / 그렇게 강력한 나라를 통치한다는 건 어렵죠. 가난한 사람도 많고 부자도 너무 많거든요. 그래서 균형을 맞추기가 힘들죠. 외교 정책에 동의하지 않는 사람들도 많아요. 미국인들은 대부분 전쟁에 질렸고 젊은 사람들이 죽어야 하는 이유를 이해 못하고 있어요. 잘못된 이유로 죽는 것처럼 보이거든요. / 아, 네, 알아요. 이런 종류의 대화는 어디서나 할 수 있고 전 좋아해요. 걱정 말아요.

민감한 정치 이야기를 꺼낸 것 같아 내심 미안해지기도 하지만, 이런 소재 이야기 하다보면 은근히 속 시원하게 느껴지는 이유가 있죠? 제가 만든 이 분위기, 제가 개선을 하겠습니다. 분위기 전환을 위해 즐거운 주제, 스포츠로 넘어가자구요~

Tom 뉴스에서 어떤 부분이 가장 흥미가 있으세요? 야구 좋아하세요? ① follow를 이용

Bob I'm a huge fan! I played a little when I was younger. I was a shortstop. I was a pretty good hitter as well, but as you get older you have to watch more and play less.

Tom 전 메이저리그 광팬이에요. 한국인 중 첫 번째 메이저리거인 박찬호를 아세요? ②

Bob Yes, he's pretty good. I wonder how he finds the level of play in America compared to Asia—there are some very good teams over there.

Tom 어떤 팀을 가장 좋아하세요? ③

Bob The Pirates!

Tom 당연하지요. 거기 출신이니까요! ④

Bob (That's) right.

Answer
① What interests you most in the news? Do you follow baseball? ② I am a big fan of Major League baseball. Do you know Chanho Park, the first Korean major leaguer? ③ Which team do you like most? ④ Of course. You are from there!

Translation
광팬이에요! 어렸을 때 선수도 했었죠. 유격수였고 타격도 좋았어요. 하지만 나이가 들수록 경기는 덜 하게 되고 시청은 더 많이 하게 되죠. / 네, 박찬호 잘하죠. 그가 보기에 아시아에 비해 미국의 경기 수준이 어떤지 궁금하네요. 미국엔 아주 뛰어난 팀도 여럿 있어요. / 파이어리츠요! / 맞아요. 하하하.

스포츠 이야기가 무르익어 가면 언제나 지역 이야기가 연계되어 나오는 게 다반사인데, 아니나 다를까… 이 사람 고향집 이야기가 다시 한 번 나오게 되었죠? 얼른 다음 소재인 조상, 집안 이 야기로 모른척하고 뻔뻔하게 이어집니다.

Tom 부모님이 거기 사세요? ①

Bob Yes. They only live a few minutes from my house. They are in a retirement home but they enjoy it quite a bit.

Tom 조상이 어디 분이세요? ②

Bob They came from England. Actually my father's family are from Ireland so I've some of the Irish blood in me. My mother was brought up in London so I have some wonderful ties to England.

Tom 명절에는 가족끼리 뭘 하세요? ③

Bob We usually get together with family and have a special meal—turkey is popular at Christmas and Thanksgiving. Christmas is very big. Giving gifts is always fun. It's the biggest holiday of the year and the time when most families get together. Thanksgiving is similar to yours. A chance to think about your relations and be thankful for the food you have. What about Koreans? What do they do?

Tom 우리는 모든 가족이 모여서 특별한 음식을 먹어요. 보통 한국 추수 감사절인 추석이나 새해 첫날인 설날 같은 특별한 날에 떡이라고 하는 쌀로 만든 케이크를 만들어 먹어요. ④

Bob That sounds yummy. I really miss my childhood.

Tom 유년 시절은 어떠셨나요? ⑤

Bob I had a happy childhood. I think most people in America enjoy their childhood – that's if they are not poor – we had plenty to eat so our life was very good.

Tom 어린 시절에 가장 그리운 것은 뭔가요? ⑥

Bob (I guess) I miss the fun we had as a family and the trips we used to go on. Family meals were always good and it was always nice to talk about life. Families seem too busy these days. Do you have anything special about your childhood?

Tom 음, 부모님들과 학교는 매우 엄격했어요. 제가 아이였을 땐 지금보다 생활이 덜 복잡했었죠. 지금 아이들은 과외 활동도 많이 하고 컴퓨터 오락도 자주 하죠. 하지만 전 제 아이들이 자라는 걸 보는 게 즐거워요. ⑦

Answer
① Are your parents living there? ② Where did your ancestors come from? ③ What does your family do on traditional holidays? ④ We get together with all the family members and have nice meals. We usually make and eat rice cakes called Ttuck on special days like Chuseok, the Korean Thanksgiving day and Sulnal, the New Years Day. ⑤ What was your childhood like? ⑥ What do you miss most about your growing up? ⑦ Ummmm... parents and schools were very strict. Things were quieter when I was a kid. Now kids are in many activities and play computer games often. But I enjoy watching my kids grow up.

Translation
네, 저희 집에서 몇 분 거리게 계세요. 양로원에 계시는데 아주 잘 지내고 계세요. / 영국에서 왔어요. 사실 제 아버지 가족은 아일랜드에서 오셔서 전 아일랜드 혈통이지요. 제 어머니는 런던에서 자라서서 전 영국계이기도 하구요. / 저희는 보통 가족끼리 모여서 특별한 음식을 먹어요. 칠면조는 크리스마스와 추수감사절에 인기가 있죠. 크리스마스는 매우 성대해요. 선물을 주는 건 언제나 즐겁죠. 연중 가장 큰 명절이고 그때가 되면 대부분의 가족들이 함께 모이죠. 추수감사절은 한국과 비슷하죠. 친족들 생각하고 음식에 대해 감사할 수 있는 시간이죠. 한국인들은 어때요? 명절에 뭘 하죠? / 맛있겠네요. 제 어릴 시절이 정말 그리워요. / 저는 행복한 어린 시절을 보냈어요. 미국에서는 대부분이 어린 시절을 재밌게 보내는 거 같아요, 가난하지만 않으면. 먹을 것도 많았고 인생이 참 즐거웠죠. / 가족들과 보냈던 즐거운 시간과 함께 갔던 여행들이 그리워요. 가족과 함께 하는 식사는 항상 훌륭했고 인생에 대해 얘기하는 것도 늘 좋았어요. 요즘은 가족들이 너무 바쁜 것 같아요. 어린 시절의 특별한 추억이 있으신가요?

시간이 유수와 같이 흘러 어느덧 30분을 훌쩍 넘겼네요. 이제 슬슬 정리를 하고 일어나 볼까요? 제 친구는 아직도 연락이 없지만 뭐 이리저리 바쁜(?) 저로서는 이 정도 접대해 줬으면 친구로서 역할은 잘한 듯… 제가 먼저 일어나려 하는데 눈치 빠른 이 밥 아저씨, 아악 안 돼! 그건 내 대사란 말이에요~

Bob (시계를 들여다보며) Oh, it's time to go.

Tom 몇 시죠? ①

Bob It's been a half hour already.

Tom 시간이 정말 빨리 가네요! ②

Bob Yes, it does. I will pay for my coffee.

Tom 무슨 소리예요? 제 것까지 내셔야죠! 우헤헤헤, 농담이에요. 제가 다 낼게요. 오늘은 당신이 제 손님이니까요. ③

Bob Ha ha ha.

Tom 다시 뵙기를 기대할게요. ④

Bob Nice meeting you, Tom

Tom 잘 지내세요. 안녕히 가세요. ⑤

Bob Good bye.

Answer
① What time is it? ② How time flies! ③ What are you talking about? You pay for mine too! He he he he… just a kidding. I will pay for all. You were my guest today. ④ I hope I will see you again. ⑤ Take care. Bye.

Translation
아, 가야 할 시간이에요. / 벌써 30분이나 지났어요. / 그러게요. 제 커피 값은 제가 낼게요. / 하하하. / 만나서 반가웠어요, 탐. / 안녕히 가세요.

(Hi!부터 Bye!까지)

1시간 동안 외국인과 영어로 수다떨기
패턴훈련

01 오랜만에 만난 사람 인사하기 / ask for / sound like

01 오랜만에 만난 사람 인사하기

It has been a long time. 오랫만이에요
How are you? 어떻게 지내나요?
You look good. 좋아 보이네요.
Good to see you. 만나서 반가워요.
How is your family? 가족들은 안녕 하나요?

What happened to your face? 무슨 일 있었어요?
Is everything okay? 모든 것이 괜찮나요?
How are things going? 어떻게 지내나요?

02 ask for

He asked for some money. 그는 돈을 요청했어요.
You must ask for help. 당신은 도움을 도움을 요청해야만 해요.
I asked for a refill. 나는 리필을 요청했어요.
She will ask for nice service. 그녀는 좋은 서비스를 요청할 거예요.
They are asking for a report. 그들은 보고서를 요청하고 있어요.

03 sound like

It sounds like a good idea. 그것은 좋은 의견인 것 같아요.
You sound like a genius. 당신은 천재 같네요.
They sound like good people. 그들은 좋은 사람들 같군요.
It sounded like a good price. 그것은 좋은 가격인 것 같았어요.
It doesn't sound like a cheap one. 그것은 싼 것 같지 않네요.

02 커피 한잔 하자고 끌고 가기 / 내 영어 늘었냐고 물어보기 / be busy ···ing~

01 커피 한잔 하자고 끌고 가기

Do you have time? 시간 좀 있으세요?
I am on the way to coffee. 커피 사러 가는 길이에요.
Do you want some coffee? 커피 한 잔 드실래요?
I'll buy. 제가 쏠게요.
Let's go. 가시죠.

What kind of coffee do you like? 어떤 종류의 커피를 좋아하나요?
How often do you drink coffee? 얼마나 자주 커피를 마시나요?
What do you usually do in your free time? 여가 시간에 보통 무얼 하시나요?

02 내 영어 늘었냐고 물어보기

What do you think about my English? 내 영어 실력에 대해 어떻게 생각하세요?
My English is not perfect. 내 영어는 완벽하지는 않죠.
I am studying English. 저는 영어공부를 하는 중입니다
It is not easy. 그것은 쉽지 않습니다.
I will do my best. 최선을 다하겠습니다.

How do you study English? 어떻게 영어 공부하나요?
What languages can you speak? 어떤 언어를 말할 수 있나요?
What is the secret to improve your English? 당신의 영어를 향상시킨 비밀은 뭐예요?

03 be busy ···ing ~

I am busy studying. 나는 공부하느라 바빠요.
He is busy taking care of his baby. 그는 자기의 아이를 돌보느라 바빠요.
They are busy working. 그들은 일하느라 바빠요.
She is busy cooking. 그녀는 요리하느라 바빠요.
She is busy setting up the table. 그녀는 상을 차리느라 바빠요.

03 날씨 변덕스럽다고 푸념하기 / care for / show up

01 날씨 변덕스럽다고 푸념하기

It is hot. 덥네요.
It is sunny. 날씨가 화창하네요.
The weather changes a lot. 날씨가 변덕스럽습니다.
I can't believe the weather forecast. 저는 일기예보를 믿을 수가 없어요.
What is the weather like in your hometown? 당신 고향의 날씨는 어떤가요?

What will the weather be like tomorrow? 내일 날씨는 어떤가요?
What's your favorite weather? 어떤 날씨를 가장 좋아하세요?
Did you hear the weather forecast for this weekend?
이번 말의 일기예보가 어떤지 들었나요?

02 care for

You must care for yourself. 당신은 당신 자신을 돌봐야 해요.
I care for my family. 나는 우리 가족을 돌봐요.
They care for the project. 그들은 그 프로젝트를 맡고 있어요.
She cares for her health. 그녀는 자기의 건강을 돌봅니다.
I should care for the result. 나는 그 결과에 대해 책임져야 해요.

03 show up

She shows up late. 그녀는 늦게 와요.
He is showing up on the TV show. 그는 TV쇼에 등장하고 있어요.
You didn't show up yesterday. 당신은 어제 오지 않았어요.
You must show up on time. 당신은 제시간에 와야 해요.
She always shows up early. 그녀는 항상 일찍 와요.

04 한국 생활 어떠냐 근황 묻기
/ 군침 도는 음식 이야기하기 / be concerned about

01 한국 생활 어떠냐 근황 묻기

How is your life in Korea? 한국 생활은 어떠세요?
Do you like food here? 이곳 음식이 입에 맞으세요?
Are you okay with transportation here? 이곳 교통시설은 괜찮은가요?
Where have you been in Seoul? 서울의 어느 곳을 가보셨나요?
Do you have many friends here? 이곳에 친구가 많이 있으세요?

I hope everything is fine in Korea. 한국에서 모든 것이 좋기를 바랄게요.
Hopefully, you have a lot of friends here. 다행히 당신은 이곳에 친구가 많군요.
I hope Korean people treat you well. 한국 사람이 당신을 잘 대접하기를 바랄게요.

02 군침 도는 음식 이야기하기

What is your favorite Korean food? 당신이 가장 좋아하는 한국 음식은 뭔가요?
Have you ever tried Kimchi? 김치를 먹어본 적이 있나요?
The food is fantastic. 그 음식은 환상적입니다.
You should try it. 그건 꼭 드셔 봐야 해요.
You are going to love it. 당신은 그것을 좋아하게 될 거예요.

What do you usually eat when you go travel? 당신은 여행할 때 보통 무엇을 먹나요?
What's your favorite food? 당신이 가장 좋아하는 음식은 무엇인가요?
Do you have any good Korean restaurant around here?
당신은 이 근처에 좋은 한국 음식점을 알고 있나요?

03 **be concerned about**

I am concerned about you. 나는 당신이 걱정돼요.
She is concerned about your health. 그녀는 당신의 건강에 대해 걱정하고 있어요.
I was concerned about it. 나는 그것에 대해 걱정했어요.
We are concerned about our children. 우리는 우리의 아이들에 대해 걱정해요.
He is concerned about the project. 그는 그 프로젝트에 대해 걱정하고 있어요.

05 신나는 스포츠 이야기 하기 / calm down / work out

01 신나는 스포츠 이야기 하기

Do you like baseball? 야구 좋아하세요?
Who are you rooting for? 누구를 응원하세요?
Do you know who Yuna Kim is? 김연아가 누구인지 알고 있나요?
I'm watching the game tonight. 저는 오늘 밤 경기를 볼 거예요.
It will be exciting. 재미있을 거예요.

Do you prefer watching sports games to playing?
당신은 스포츠를 관람하는 것과 스포츠 경기를 하는 것 중 무엇을 좋아하나요?
What's your favorite sport? 당신이 좋아하는 스포츠는 무엇인가요?
Who is your favorite soccer player? 당신이 좋아하는 축구선수는 누구인가요?

02 calm down

You should calm down now. 당신은 지금 진정해야 해요.
She calms down and listens to the news. 그녀는 진정하고 뉴스를 들어요.
I can't calm down now. 나는 지금 진정할 수 없어요.
You calm down and talk. 당신은 진정하고 말해요.
She must calm down at the meeting. 그녀는 회의에서 침착해야만 합니다.

03 work out

I work out everyday. 나는 매일 운동해요.
I worked out this morning. 나는 오늘 아침 운동했어요.
She works out once a week. 그녀는 일주일에 한 번 운동해요.
She never works out. 그녀는 절대 운동하지 않아요.
I used to work out in spring. 나는 봄에 운동하곤 했어요.

06 인기 TV 스타 이야기하기 / 국내 관광지 명소 소개하기 / be in charge of

01 인기 TV 스타 이야기하기

Who is your favorite TV star? 가장 좋아하는 TV 스타가 누구입니까?
I love his voice. 난 그의 목소리가 좋아요.
I turn on TV to see him. 난 그를 보기 위해 TV를 켜요.
He has many fans. 그는 팬이 많아요.
I want to be like him. 나는 그 사람처럼 되고 싶어요.

Who's the most popular movie star in US?
미국에서 가장 유명한 영화배우는 누구인가요?
Why do you like him? 왜 그를 좋아하나요?
What's the title of the song he sings? 그가 부른 노래의 제목은 무엇인가요?

02 국내 관광지 명소 소개하기

Have you ever been to Jeju-do? 제주도에 가보셨나요?
It is in the southern part of Korea. 그곳은 한국의 남쪽에 있어요.
It takes about an hour. 그곳에 가는 데 한 시간 정도 걸려요.
It is known for beautiful sceneries. 그곳은 아름다운 경치로 알려졌습니다.
It is one of my favorites. 그것은 제가 가장 좋아하는 것 중 하나입니다.

What is the in-place in Seoul? 서울에서 적당한 장소는 어디인가요?
Why is Mt. Seorak so famous in Korea? 왜 한국의 설악산이 유명한가요?
Do you have any beautiful beaches in Korea?
어떤 한국의 아름다운 해변을 좋아하나요?

03 be in charge of

I am in charge of this work. 나는 이 작업에 책임을 지고 있어요.
I am in charge of my family. 나는 우리 가족에 책임을 지고 있어요.
He is in charge of the company. 그는 그 회사를 책임지고 있어요.
She will be in charge of today's meeting. 그녀는 오늘 회의를 책임질 거예요.
She is in charge of dinner. 그녀는 저녁을 책임지고 있어요.

07 고향 얘기로 향수 자극하기 / break out / look into

01 고향 얘기로 향수 자극하기

Where are you from? 어디에서 오셨나요?
What was your childhood like? 어린 시절은 어떠셨나요?
I am from a small city called Chun-Ahn.
저는 천안이라고 불리는 작은 도시에서 왔어요.
I went to a small school there 나는 그곳에서 작은 학교를 다녔어요..
Where does your family live? 당신의 가족은 어디에서 사나요?

How long have lived in your hometown?
당신은 고향에서 얼마나 오래 살았나요?
How often do you visit your parents? 당신은 얼마나 자주 부모님을 찾아 뵙나요?
What is the most memorable place in your hometown?
당신의 고향에서 가장 기억에 남을만한 장소는 어딘가요?

02 break out

I broke out of the class. 나는 그 수업에서 빠져 나왔어요.
We should break out the rules. 우리는 규칙에서 빠져 나와야 해요.
They broke out laughing. 그들은 웃기 시작했어요.
The war broke out in 1919. 그 전쟁은 1919년에 발발 되었어요.
He broke out of the prison. 그는 감옥에서 탈출했어요.

03 look into

I look into the house. 저는 그 집을 들여다봐요.
She looks into the book. 그녀는 책을 봅니다.
They look into the newspaper. 그들은 신문을 봅니다.
They are looking into the reason for the fire.
그들은 화재의 원인을 조사하고 있어요.
I am looking into my new job. 저는 저의 새로운 직장을 구하고 있어요.

08 가족, 결혼, 관습 이야기하기 / 아침 일과, 기상 시간 묻기 / be composed of

01 가족 / 결혼 / 관습 이야기하기

Are you married? 결혼하셨어요?
How many children do you have? 당신의 자녀는 몇 명인가요?
I have been married for 10 years. 저는 결혼한지 10년 되었습니다.
I have a brother and a sister. 저는 오빠 한 명과 언니 한 명이 있어요.
I have two sons. 저는 아들 둘이 있어요.

How long have you been married? 당신은 결혼한 지 얼마나 되었나요?
What type of person do you want to marry?
당신이 결혼하고 싶은 사람은 어떤 타입인가요?
What do you like the most about your wife?
당신은 당신의 부인의 어떤 점이 가장 좋은가요?

02 아침 일과 / 기상 시간 묻기

I get up early in the morning. 저는 아침에 일찍 일어납니다.
What time did you get up? 언제 일어나나요?
I usually skip my breakfast. 저는 보통 아침을 거릅니다
I take a bus to get to my office. 저는 회사에 가기 위해 버스를 탑니다.
I take an English class every morning. 저는 매일 아침 영어 수업을 듣습니다.

What is the first thing you do in the morning?
당신이 아침에 제일 먼저 하는 일은 무엇인가요?
What do you have for breakfast? 당신은 아침으로 무엇을 먹나요?
How do you get to work every morning? 아침에 직장에 어떻게 가나요?

03 be composed of

It is composed of three books. 그것은 세 개의 책으로 구성됩니다.
It is composed of two classes. 그것은 두 개의 수업으로 구성됩니다.
My family is composed of four. 우리 가족은 네 명으로 구성됩니다.
The dinner was composed of rice and soup. 그 저녁은 밥과 국으로 구성되었습니다.
The group is composed of nine girls. 그 모임은 9명의 소녀로 구성됩니다.

09 저녁 일과, 귀가 시간 묻기 / suffer from / do a favor

01 저녁 일과 / 귀가 시간 묻기

What time do you usually come home? 당신은 보통 몇 시에 집에 오나요?
I come home around seven. 저는 일곱 시쯤 집에 와요.
I usually have dinner with my family. 저는 보통 가족과 함께 저녁을 먹어요.
I spend time talking with my family. 저는 내 가족들과 대화하는데 시간을 보내요.
I usually go to bed around eleven. 저는 보통 7시에 잠자리에 들어요.

What time do you usually go to bed? 당신은 보통 몇 시쯤에 잠자리에 드나요?
What do you usually do after work? 당신은 보통 회사가 끝나고 무엇을 하나요?
How often do you have dinner with your family a week?
당신은 일주일에 몇 번이나 가족과 저녁을 먹나요?

02 suffer from

I suffer from sneezing. 저는 재채기로 괴로워요.
I suffer from a lot of work to do. 저는 해야 할 많은 작업으로 힘들어요.
I am suffering from the noise. 저는 그 소음 때문에 괴로워요.
I suffer from you. 저는 당신 때문에 괴로워요.
She is suffering from the car accident. 그녀는 차 사고로 인해 고통 받고 있어요.

03 do a favor

Can you do me a favor? 당신은 저를 도와줄 수 있나요?
I will do you a favor. 저는 당신을 도울게요.
She is doing her father a favor. 그녀는 자기의 아빠를 위해 애쓰고 있어요.
I was doing a favor. 저는 애쓰고 있었어요.
I did a favor for the stranger. 저는 낯선 사람의 청을 들어주었어요.

10 직장 생활 마음에 드나 묻기 / 주말 여가 뭐하나 알아보기 / be tired of

01 직장 생활 마음에 드나 묻기

How is your work going? 당신의 작업은 어떻게 돼가나요?
I am taking care of a new project. 저는 새로운 프로젝트에 참여하고 있습니다
I am working at the Planning department. 저는 기획부서에서 일합니다.
I was promoted to General Manager. 저는 총괄 책임자로 승진되었습니다.
I am happy with my job. 저는 제 직업에 만족해요.

What hours do you work? 몇 시간이나 근무하나요?
What are you responsible for in your office?
당신은 사무실에서 무엇을 담당하고 있나요?
When do you usually leave the office? 당신은 보통 몇 시쯤 퇴근하나요?

02 주말 여가 뭐하나 알아보기

What do you usually do in your free time? 당신은 보통 여가 시간에 무엇을 하나요?
I enjoy outdoor activities. 저는 야외활동을 즐겨요.
My favorite activity is hiking. 제가 가장 좋아하는 활동은 등산이에요.
It helps me relieve my stress. 그것은 내 스트레스를 푸는데 도움이 돼요.
I can't do without weekends. 저는 주말 없이는 살 수 없어요.

What is your favorite outdoor activity on weekends?
당신이 주말에 가장 좋아하는 활동은 무엇인가요?
How do you relieve your stress? 당신은 어떻게 스트레스를 푸나요?
Who do you spend time with on weekends?
당신은 누구와 주말에 시간을 보내나요?

03 be tired of

I am tired of drinking coffee. 저는 커피 마시는 것이 지겨워요.
I am tired of you. 저는 당신이 지겨워요.
I am tired of getting up early in the morning.
저는 아침에 일찍 일어나는 것이 지겨워요.
She is tired of him. 그녀는 그가 지겨워요.
She is tired of fast food. 그녀는 패스트푸드가 지겨워요.

11 정치 : 대통령에 대해서 물어보기 / be similar to / fall short of

01 정치 : 대통령에 대해서 물어보기

What do you think of the Korean government?
한국 정부에 대해 어떻게 생각하세요?

Our president was elected three years ago.
우리 대통령은 3년 전에 선출되었어요.

He has been doing a good job. 그는 일을 잘하고 있어요.

He should focus on the economy. 그는 경제에 전념해야 합니다.

Hopefully he will improve the school education.
바라 건데 그는 학교 교육을 발전시킬 거에요.

How often do you elect the president of your country?
당신은 당신의 국가 대통령을 얼마나 자주 선출하나요?

What do you want the most to be changed in your country?
당신의 국가에서 당신이 가장 변하길 바라는 것은 무엇인가요?

What is the main focus these days from the government?
요즘 정부에서 가장 전념하는 것은 무엇인가요?

02 be similar to

It is similar to my old apartment. 그것은 제 오래된 아파트와 비슷해요.
She is similar to my mother. 그녀는 제 엄마와 비슷해요.
They are similar to each other. 그들은 서로 비슷해요.
It is similar to your computer. 그것은 당신의 컴퓨터와 비슷해요.
His car is similar to mine. 그의 차는 제 차와 비슷해요.

03 fall short of

It falls short of my expectation. 그것은 내 기대에 어긋나요.
I fall short of money. 저는 돈이 부족해요.
I fall short of motivation. 저는 동기가 부족해요.
They fall short of their goal. 그들은 그들의 목표가 부족해요.
It falls short of last year's income. 그것은 작년의 수입에 비해 부족해요.

12 경제 : 주머니 사정 물어보기 / 통일 : 남북한 상황 의견 나누기 / take care of

01 경제 : 주머니 사정 물어보기

How is the economic situation in your country?
당신 나라의 경제적인 상황은 어떤가요?

Everything is difficult these days. 요즘 모든 것이 어려워요.

I am worried about the rise in prices. 저는 물가상승에 대해 걱정하고 있어요.

The unemployment rate is getting higher. 실업률이 점점 높아지고 있어요.

I hope everything will be okay soon. 저는 곧 모든 것이 좋아지길 바랍니다.

What do you worry about the most for the economy?
당신이 경제에 대해 가장 걱정하는 것은 무엇인가요?

How is your financial status these days? 당신의 경제 상황은 요즘 어떤가요?

How do you expect the economic state next year?
당신은 내년의 경제 상태가 어떨 것이라 기대하나요?

02 통일 : 남북한 상황 의견 나누기

Korea is divided into two; North and South.
한국은 남과 북으로 분단되어있습니다.

North Korea has been mean to everybody.
북한은 모든 사람에게 됨이 되고 있어요.

They are always raising big issues. 그들은 항상 중요한 안건을 제기합니다.

I think it is time to help them. 저는 그들을 도울 시간이라고 생각해요.

The unification issue will be settled soon.
통일 이슈가 곧 해결될 것이라고 생각해요.

How do you feel about North Korea? 당신은 북한을 어떻게 생각하나요?

Do you think we have to take care of the situation?
당신은 우리가 이 상황을 다뤄야 한다고 생각하나요?

Do you know the situation between South Korea and North Korea?
당신은 남한과 북한 사이의 상황을 알고 있나요?

03 **take care of**

I take care of my family. 저는 가족들을 돌봐요.

I should take care of my health. 저는 제 건강을 돌봐야 해요.

You should take care of yourself. 당신은 당신 자신을 돌봐야 해요.

You must take care of the project. 당신은 그 프로젝트를 수행해야 해요.

You take care of cooking. 당신은 요리해요.

13 종교 : 종교가 있는지 물어보기 / be worth ···ing / get worse

01 종교 : 종교가 있는지 물어보기

Do you practice any religion? 당신은 믿고 있는 종교가 있나요?
I have no religion. 저는 종교가 없어요.
I seek consolation in my religion. 저는 종교에서 위안을 찾고 있어요.
Many people attend church services on Sundays.
많은 사람은 일요일에 예배에 참석합니다.
All the religions should be respected. 모든 종교는 존중되어야 해요.

Do you go to church on Sundays? 당신은 일요일에 교회에 가나요?
What percentage of people is Christian in your country?
당신 국가의 기독교인은 몇 퍼센트나 되나요?
Do you believe God exists? 당신은 신이 존재를 믿나요?

02 be worth ..ing

It is worth working here. 여기서 일할 가치가 있어요.
It is worth studying English. 영어를 공부하는 것은 가치가 있어요.
It is worth waking up early in the morning. 아침 일찍 일어나는 것은 가치가 있어요.
It is worth using computers. 컴퓨터를 사용하는 것은 가치가 있어요.
It was worth visiting him. 그를 방문한 것은 가치가 있었어요.

03 get worse

My health is getting worse. 내 건강은 점점 악화되고 있어요.
The weather gets worse. 날씨가 악화되고 있어요.
The economic condition got worse. 경제 상황이 악화되었어요.
The situation is getting worse. 상황이 점점 악화되고 있어요.
His performance gets worse. 그의 활약은 안 좋아지고 있어요.

14 교통체증 고생담 이야기 하기 / be in favor of / be familiar with

01 교통체증 고생담 이야기 하기

The traffic is very heavy here every morning.
이곳은 교통이 매일 아침 매우 정체 돼요.

I am often caught in a traffic jam. 저는 종종 교통체증에 시달려요.

The city should do something to ease it. 도시는 그것의 완화를 위해 뭔가를 해야 해요.

It is a good idea to take a bus or subway.
버스나 지하철을 타는 것은 좋은 생각이에요.

Or I have to allow half an hour. 그렇지 않으면 저는 삼십 분 서둘러야 해야 해요.

How long does it take from your place to work?
집에서 직장까지 얼마나 걸리나요?

What do you usually take for morning commute?
당신은 보통 아침 통근 길에 무엇을 타나요?

How is the public transportation in Seoul? 서울의 대중교통은 어떤가요?

02 be in favor of

I am in favor of your opinion. 난 너의 의견에 찬성해.

We are all in favor of the ideas. 우리는 모두 그 아이디어들에 찬성해요.

He is in favor of the result from the meeting.
그는 그 회의의 결과에 찬성하고 있어요.

My company is in favor of the suggestion. 우리 회사는 그 제안에 찬성합니다.

I was not in favor of the requirement. 나는 그 요구사항에 찬성하지 않았어요.

03 be familiar with

I am familiar with English. 저는 영어에 익숙해요.

I am familiar with the work. 저는 그 작업에 익숙해요.

They are familiar with each other. 그들은 서로 익숙해요.

I am familiar with you. 저는 당신과 익숙해요.

I am familiar with them. 저는 그들과 익숙해요.

15 우리 애들 교육 의견 나누기
/ have an effect on / make an effort

01 우리 애들 교육 의견 나누기

Children's education costs us a lot. 아이들의 교육은 비용이 많이 들어요.

I am trying to find a way to reduce it.
저는 그것을 줄이는 방법을 찾기 위해 노력하고 있어요.

There is keen competition in schools these days.
요즘은 학교에서 격렬한 경쟁이 있어요.

Children spend too much time in private academies.
아이들은 사설 학원에서 너무 많은 시간을 보내요.

Things in my childhood used to be slow. 제 어린 시절의 모든 것은 느리곤 했어요.

How much do you pay for your children's education monthly?
당신은 당신의 자녀 교육에 한 달에 드는 비용은 얼마인가요?

What kind of private lessons do you pay for your children?
당신의 자녀를 위해 어떤 사설 학원에 비용을 쓰나요?

How do you feel about the education situation in Korea?
당신은 한국의 교육 상황에 대해 어떻게 생각하나요?

02 have an effect on

Coffee has an effect on waking up in the morning.
커피는 아침잠을 깨우는 것에 효과적이에요.

Lemon has an effect on getting vitamin C.
레몬은 비타민 C를 얻는 것에 효과적이에요.

You have an effect on the work. 당신은 그 일에 영향을 끼쳐요.

It has an effect on the project. 그것은 그 프로젝트에 영향을 끼칩니다.

Speaking English has an effect on the business.
영어로 말하는 것은 그 사업에 영향을 끼칩니다.

03 make an effort

I make an effort for the job. 저는 그 일을 위해 노력해요.

I made a lot of effort to get the job. 저는 그 직장을 얻기 위해 많은 노력을 했어요.

I appreciate your making efforts. 저는 당신의 노력에 감사합니다.

I make an effort to lose weight. 저는 몸무게를 줄이기 위해 노력해요.

He made an effort hard. 그는 열심히 노력했어요.

16 나의 애마, 자동차 이야기하기 / make a decision / be free to

01 나의 애마, 자동차 이야기하기

I have a used car. 저는 중고차가 있어요.
I make a motor road trip on weekends. 저는 주말에 자동차 여행을 가요.
It has been better than I expected. 그건 저가 기대했던 것보다 나아요.
I got my driver's license when I was 20. 저는 제가 스무 살 때 운전면허를 땄어요.
This is an age of motorcars. 지금은 자동차의 시대입니다.

What kind of car do you like? 당신은 어떤 종류의 차를 좋아하나요?
Do you see the design when you buy one? 당신은 차를 살 때 디자인을 보나요?
How old is your current car? 현재 당신의 차는 몇 년이나 되었나요?

02 make a decision

You made a good decision. 당신은 좋은 결정을 내렸어요.
I make a decision to do it. 저는 그것을 하기 위해 결정을 내려요.
I make a decision for the project. 저는 그 프로젝트를 위해 결정을 내려요.
She didn't make a decision yet. 그녀는 아직 결정을 내리지 못했어요.
She made a decision to stop smoking. 그녀는 담배를 끊기로 결정했어요.

03 be free to

You are free to ask any question. 당신은 자유롭기 어떤 질문을 해도 돼요.
You are free to use the computer. 당신은 자유롭기 컴퓨터를 사용해도 돼요.
You are free to go home. 당신은 집에 가도 돼요.
You are free to drink here. 당신은 여기서 술을 마셔도 돼요.
You are not free to leave here. 당신은 여기를 마음대로 떠날 수 없어요.

17 나의 보물 컴퓨터 이야기하기 / feel like …ing / rely on

01 나의 보물 컴퓨터 이야기하기

We want to make a good use of computers.
우리는 컴퓨터를 유용하게 사용하길 원해요.

We obtain information data from computers.
우리는 컴퓨터로부터 정보 자료를 얻어요.

The computer makes it easy to get information.
컴퓨터는 정보를 쉽게 얻을 수 있게 합니다.

My knowledge of computers is still shallow.
컴퓨터에 대한 제 지식은 여전히 얕아요.

The computer has changed our way of living.
컴퓨터는 우리의 삶의 방법을 변화시키고 있습니다.

Are you good at using computer? 당신은 컴퓨터 사용을 잘하나요?

When do you use computer the most?
당신은 가장 컴퓨터를 많이 사용하는 것은 언제인가요?

Who is the maker of your current computer?
현재 당신의 컴퓨터를 만든 것은 누구인가요?

02 feel like …ing

I feel like drinking beer tonight. 저는 오늘 밤 맥주를 마시고 싶어요.
I feel like eating pizza. 저는 피자가 먹고 싶어요.
I feel like walking with you. 저는 당신과 함께 산책하고 싶어요.
He feels like smoking. 그는 담배를 피우고 싶어 해요.
He feels like quitting the job. 그는 직장을 그만두고 싶어 해요.

03 rely on

I rely on you. 나는 당신에게 의존합니다.
It relies on your effort. 그것은 당신의 노력에 달려있어요.
Everything relies on him. 모든 것은 그에게 달려 있어요.
You rely on yourself. 당신은 당신 자신에게 달려있어요.
Your success relies on your effort. 당신의 성공은 당신의 노력에 달려있어요.

18 나의 분신 핸드폰 이야기하기 / succeed in

01 나의 분신 핸드폰 이야기하기

The world is getting smaller thanks to the mobile communication.
세상이 더욱 작아지는 것은 이동 통신 덕분이에요.

Korea is leading the world in mobile communication.
한국은 이동 통신에서 세계를 주도하고 있습니다.

The young generation is nicknamed "the mobile generation."
젊은 세대는 "모바일 세대"라고 불립니다.

Frequent cell phone use is sometimes more damaging than helpful.
빈번한 핸드폰 사용은 때로는 유용하기보다 해롭습니다.

More people want a cell phone instead of a home phone.
더 많은 사람이 집 전화보다 핸드폰을 선호합니다.

Does your cell phone have various functions?
당신의 핸드폰에 다양한 기능이 있나요?

How often do you change your cell phones?
당신은 얼마나 자주 핸드폰을 바꾸나요?

Are you an early adapter for cell phone? 당신은 핸드폰의 얼리 어댑터인가요?

02 succeed in

I succeeded in my career. 저는 저의 직업에서 성공했어요.
I want to succeed in my work. 저는 저의 업무에서 성공하기를 바랍니다.
They succeeded in the project. 그들은 그 프로젝트에서 성공했어요.
You succeeded in studying English. 당신은 영어를 공부하는 데 성공했어요.
The group succeeded in the competition. 그 그룹은 경쟁에서 성공했어요.

19 서운하고 아쉬운 작별 인사 / be responsible for

01 서운하고 아쉬운 작별 인사

Wow, look at the time. 와우! 시간 좀 봐요!
It is time for me to go now. 제가 가야 할 시간이네요.
I need to go now. 저는 지금 가야 해요.
Let's keep in touch. 계속 연락합시다.
Good bye. 잘 가요.

Do you have any plan? 당신은 계획이 있나요?
Are you doing anything today? 오늘 당신은 무얼 하나요?
What are you doing today? 당신이 오늘 하는 일은 무엇인가요?

02 be responsible for

I am responsible for my family. 는 제 가족에 책임이 있어요.
I am responsible for the presentation. 저는 그 발표에 책임이 있어요.
She is responsible for sales. 그녀는 판매에 책임이 있어요.
You are responsible for the result. 당신은 그 결과에 책임이 있어요.
We are responsible for the situation. 우리는 그 상황에 책임이 있어요.